Claudia Göckel

Französische Küchenfachausdrücke im Überblick

Anwendung und Aussprache

Systematisch gegliedert nach gastronomischen Themenbereichen

Manuel de terminologie gastronomique pour cuisiniers

3. Auflage

PFANNEBERG

Best.-Nr.: 04216

Dieses Werk berücksichtigt die neue deutsche Rechtschreibung.

3. Auflage 2003

ISBN 978-3-8057-0512-7

Druck 5 4

Umschlaggestaltung: LAYOUT Knörk, 42499 Hückeswagen
Druck: Tutte Druckerei GmbH, 94121 Salzweg b. Passau

Vorwort

Die berühmtesten Köche der Welt sind seit Jahrhunderten Franzosen. Jeder junge Koch träumt davon, eines Tages so berühmt zu sein wie Auguste Escoffier oder Paul Bocuse. Feine Küche ist für uns alle nach wie vor die französische, deren Fachsprache sich in allen Ländern (auch den englischsprachigen) durchgesetzt hat. Weltweit verwendet jeder gute Koch viele französische Küchenfachausdrücke, um Zutaten, Küchengeräte, Arbeitsvorgänge und Zubereitungsarten für Speisen zu benennen. Wer diese Ausdrücke nicht kennt, kann in keiner guten Küche arbeiten! Auch sind viele Fachausdrücke der Küche, die wir selbstverständlich wie deutsche verwenden, in Wirklichkeit französischen Ursprungs (Kasserolle, blanchieren, gratinieren, Bouillon, Kroketten, Biskuit u.v.a.).

Im vorliegenden Handbuch sind die allgemein verwendeten Ausdrücke in übersichtlicher Form zusammengestellt. Das Buch soll vor allem Auszubildenden, also jungen Köchen, die nicht Französisch gelernt haben, helfen, die gastronomische Terminologie, deren Anwendung und auch deren korrekte Aussprache zu erlernen. Das Buch wendet sich aber auch an die Ausbilder in den gastronomischen Betrieben und in den Berufsschulen. Für Restaurants ist es ein übersichtliches Nachschlagewerk (nicht zuletzt wegen der korrekten Schreibweisen).

Zum Gebrauch des Buches

Das Buch **„Französische Küchenfachausdrücke im Überblick"** ist – wie der Name sagt – *kein Lehrbuch* der französischen Sprache und *kein alphabetisches Wörterbuch;* es will bewusst nur die *systematische Erlernung,* Wiederholung und Vertiefung *der international gebräuchlichen französischen Fachausdrücke der Küche* erleichtern. Stoff und Aufbau orientieren sich daher an den *Themenbereichen der Ausbildung für Köche.*

Der vorangestellte *Grammatikteil* **Grammatik „à la carte“** ist mit Absicht *begrenzt* auf die französische Küchen-Fachsprache. In diesem Teil wird auch die Aussprache des Französischen erläutert. *Die Beschreibung der Aussprache* geschieht *durch Umsetzen* der französischen Laute in verwandte *deutsche Laute.* So kann der Benutzer des Buches – auch ohne französische Sprachkenntnisse und ohne die internationale phonetische Lautschrift lernen zu müssen – jedes französische Fachwort sofort korrekt aussprechen.

Im **Hauptteil** erscheinen in den einzelnen Kapiteln sämtliche *Fachwörter* zu den Themen *in sinnvollen Zusammenhängen.* Im Allgemeinen sind es *Wortlisten* (aber auch Diagramme und Tabellen), *aufgeführt nach dem Prinzip dt. Ausdruck/frz. Ausdruck/Aussprachehilfe.* Manchmal steht der französische Ausdruck an 1. Stelle, damit sichtbar wird, dass der entsprechende „deutsche“ Ausdruck aus dem Französischen abgeleitet ist (wie z.B. frz. gratiner > gratinieren) oder dass der französische Ausdruck direkt verwendet wird (z.B. pommes frites). Am Ende der Kapitel stehen die **„Beispiele auf der Speisekarte“** (großgeschrieben, wie auf der Speisekarte üblich).

Garnituren und Zubereitungsarten werden in einem gesonderten Kapitel ausführlich behandelt, die wichtigsten Bestandteile werden als *„Merkwörter“* genannt und gekennzeichnet.

Mehr informativen Charakter haben die Kapitel **„Französischer Käse“** und **„Französische Weine“;** das Kapitel **„Der gedeckte Tisch“** enthält auch Begriffe aus dem Servicebereich.

Ziel der Autorin ist es, das Erlernen der französischen Küchenfachsprache durch eine themenorientierte Gliederung und eine für alle verständliche Aussprachehilfe zu erleichtern.
Wenn das vorliegende Buch den fachsprachlichen Unterricht für die Schüler lebendiger und weniger mühsam macht, hat es seinen Zweck erfüllt.

Viel Erfolg!

Claudia Göckel

Inhaltsverzeichnis

Grammatik „à la carte“

A. Zur Aussprache der französischen Sprache

Ausspracheshilfe

In diesem Buch wird eine einfache Umschreibungsmethode angewandt, um die Aussprache zu erleichtern.

1.) Die französischen Wörter werden in deutsche Laute umgesetzt, d.h. man spricht das französische Wort so aus, wie es in der Aussprachehilfe angegeben ist, die hinter jedem Ausdruck steht.

2.) Nasallaute werden gekennzeichnet mit ã ãe õ õe

le gardemanger	gard(e) mãschee
le vin	wãe
le jambon	schãbõ
le **parfum**	parfõe

3.) Das weiche sch wird gekennzeichnet mit sch

le gardemanger	gard(e) mãschee
le jambon	schãbõ

4.) Das betonte e wird als ee gekennzeichnet.

le gardemanger	gard(e)mãschee
parfumer	parfümee

5.) Das e ohne Akzent wird (als nur angedeutet) gekennzeichnet als (e)

le gardemanger	gard(e)mãschee

1. Vokale (Selbstlaute)

Schriftbild	Laut	Beispiel	Aussprache
langes a, frz. **a/â**	a	**la tasse**	tas(e)
		la pâtisserie	patis(e)ri
kurzes a, frz. **a/à**	a	**à la carte**	a la kart(e)
frz. **ai/aî/è/ê/ei/et**	ä	**français, le maître d'hôtel,**	frãsä, mätr(e),
		la crème, suprême,	kräm(e), süpräm(e)
		... à la reine, le poulet	rän(e), pulä
langes e, frz. **é/ed/er**	e	**le consommé**	kõsomee
		le pied	piee
		le boucher	buschee
frz. **e**	e	**la terrine**	terin(e)

Schriftbild	Laut	Beispiel	Aussprache
frz. **i/î/ie/y**	i	**le citron**	sitrõ
		le dîner	dinee
		la mie de pain	mi dö pãe
		à la lyonnaise	a la lionäs(e)
frz. **o/ô/au/eau**	o	**le homard**	omar
		le rôtisseur	rotisör
		la sauce au vin	sos(e) o wãe
		le gâteau	gato
frz. **eu/œu/e**	ö	**le rôtisseur**	rotisör
		l'œuf/les œufs	löf/leesö
		le bœuf	böf
		le melon	lö mölõ
frz. **ou**	u	**le boucher**	buschee
frz. **u/û**	ü	**la brunoise**	brünoas(e)
		la mûre	mür(e)

2. Akzente und Hilfszeichen

In der französischen Sprache gibt es 3 Akzente auf Vokalen (Selbstlauten).

l'accent aigu auf e = **é**

Er bedeutet: Der Vokal (Selbstlaut) wird geschlossen gesprochen.

le consommé	kõsomee

l'accent grave auf e, a, u = **è, à, ù**

Er bedeutet auf e: Der Vokal (Selbstlaut) wird offen gesprochen. Er ist auf a/u Unterscheidungsmerkmal.

la crème	kräm(e)
à la carte, où	a la kart(e), u

l'accent circonflexe auf a, e, u = **â, ê, û**

Er bedeutet meist: Der Vokal wird lang gesprochen.

â	**la pâtisserie**	patis(e)ri
ê	**le suprême**	süpräm(e)
û	**la mûre**	mür(e)

la cedille unter dem c = **ç**

Sie bedeutet: **ç** + **a/o/u** = s (denn: **c**+**a/o/u** = *k!*)

	français, garçon	frãsä, garsõ

l'apostrophe

Der Apostroph (das Auslassungszeichen) nach den Artikeln **le/la** und nach **de** bedeutet:
Das a oder das e vor Wörtern, die mit Vokalen (Selbstlauten) oder mit h beginnen, werden ausgelassen, damit das Sprechen geläufiger wird.

Beispiele:

le abricot	**l'abricot**	labriko
le hôtel	**l'hôtel**	lotel
	le maître d'hôtel	mätr(e) dotel
la amande	**l'amande**	lamãd(e)
	la pâte d'amandes	pat(e) damãd(e)
la herbe	**l'herbe**	lerb(e)

Merke:

le hors d'œuvre *le ordöwr(e)*
hier wird das h „gehaucht", daher keine Auslassung!

3. Nasalierte Vokale (Nasallaute) – durch die Nase gesprochene Selbstlaute

Schriftbild	Laut	Beispiel	Aussprache
frz. **am/ an /em /en**	ã	**le bambou**	bãbu
		le garde-manger	gard(e)mãschee
		le camembert	kamãbär
		en gelée	ã schölee

Schriftbild	Laut	Beispiel	Aussprache
frz. **aim/ain/im/in**	ãe	**la faim, le pain**	fãe, pãe,
		riz à l'impératrice	ãeperatris(e)
		le vin	vãe
frz. **om/on**	õ	**le concombre**	kõkõbr(e)
		le marron	marõ
frz. **um/un**	õe	**le parfum**	parfõe
		un (= unbestimmter Artikel, m.)	õe

Merke:
Ein Nasallaut wird „normal" ausgesprochen, wenn nach ihm ein Vokal (Selbstlaut) kommt.

Beispiele:

un	õe	**une**	ün(e)
parfum	parfõe	**parfumer**	parfümee
(Nasallaut)		(kein Nasallaut)	

4. Feste Lautverbindungen und ihre Aussprache

Schriftbild	Laut	Beispiel	Aussprache
-ail / -aill-	aj	**l'ail / le médaillon**	aj /medajõ
-aille	aj(e)	**la volaille**	wolaj(e)
-ay / -ay-	ei / eij	**Mornay / paysanne / payer**	Mornei / peisan(e) / peijee
-eil	ej	**le vermeil**	wermej

Schriftbild	Laut	Beispiel	Aussprache
-eille	eij(e)	**Marseille**	marseij(e)
-euil	öj	**le chevreuil**	schöwröj
-euille / -euille-	öj(e)	**la feuille / la pâte feuilletée**	föj(e) / pat(e) föj(e)tee
-ill- / -ille	ij / ij(e)	**le bouillon / la vanille**	buijõ / wanij(e)
-oe/oê-	oa	**la moelle**	moal(e)
		la poêle	poal(e)
-oë-	oe	**Noël**	Noel
-oi-	oa	**le poisson**	poasõ
-ouil	uij	**le fenouil**	fönuij
-ouill-	uij	**le bouillon**	buijõ
-ouille	uij(e)	**la grenouille**	grönuij(e)
-oy-	oaj	**l'aloyau**	aloajo
-ui-	üi	**la cuisine**	küisin(e)
-uy-	üij	**essuyer**	esüijee
-y-	j	**la mayonnaise**	majonäs(e)

5. Einige Konsonanten (Mitlaute)

Einige Konsonanten werden in der französischen Sprache in bestimmten Verbindungen verschieden ausgesprochen und oft anders als im Deutschen.

Schriftbild	Laut	Beispiel	Aussprache
c + e, i, y	s	**le citron**	sitrõ
		la cerise	seris(e)
		Bercy	bersi

Schriftbild	Laut	Beispiel	Aussprache
c + a,o,u	k	**la carotte**	karot(e)
		la côtelette	kot(e)let(e)
		la cuisine	küisin(e)
ç	s	**français**	frãsä
ch	sch	**le boucher**	buschee
g + e, i	sch (weiches sch)	**rouge**	rusch(e)
		le gigot	schigo
gu + e, i	g	**la langue**	lãg(e)
		l'anguille	ãgij(e)
g + a, o, u	g	**la galantine**	gãlãtin(e)
		le gigot	schigo
		le légume	legüm(e)
gne	nj(e)	**le champagne**	schãpanj(e)
h am Wortanfang	stumm	**l'hôtel**	otel
h am Wortanfang	gehaucht	**le hors d'œuvre**	or döwr(e)
j	sch (weiches sch)	**le jambon**	schãbõ
qu	k	**les quenelles**	könel(e)
s / ss	s (scharfes s)	**la sauce**	sos(e)
s zwischen Vokalen	s (weiches s)	**braiser**	bräsee
v	w	**le vin**	vãe
z	s (weiches s)	**la zeste de citron**	sest(e) dö sitrõ

6. „Stumme“ Schlussbuchstaben

e ohne Akzent am Wortende wird nur leicht angedeutet.

		la terrine	terin(e)
aber:		**le** (Artikel, m.)	lö = einsilbiges Wort
d	am Wortende	**le pied**	piee
l	”	**le persil**	persi
p	”	**le sirop**	siro
t	”	**le gigot**	schigo
s	”	**le coulis**	kuli
		les (Artikel, Pl.)	lee
aber:	”	**les amandes**	leesamãd(e) = Bindung **(liaison)** (s. Seite 18)
	”	**les haricots**	leesariko = Bindung **(liaison)**
x	am Wortende	**la noix**	noa
z	”	**le nez**	ne

7. Betonung der Wörter

Generell wird in der französischen Sprache die letzte gesprochene Silbe des Wortes betont.

8. Die Bindung (la liaison)

Bei der Bindung wird der Endkonsonant (Mitlaut) eines Wortes an den Anfangsvokal (Selbstlaut) eines Wortes „gebunden“, damit das Sprechen geläufiger wird.

Beispiele:

les‿abricots	leesabriko	**les‿amandes**	leesamãde(e)
la tarte aux‿abricots	la tart(e) osabriko	**les‿herbes**	leeserb(e)
les‿hôtels	leesotel	**les fines‿herbes**	lee finserb(e)

B. Einige Grundregeln der Grammatik der französischen Sprache

1. Der Artikel (das Geschlechtswort)

Die französische Sprache kennt nur 2 Artikel (Geschlechtswörter) für die Substantive (Hauptwörter): männlich und weiblich, für beide gibt es nur eine Pluralform (Mehrzahlform).

Anmerkung:
Da die Substantive (Hauptwörter) im Französischen nicht dieselben Artikel wie im Deutschen haben, muss man zu jedem Substantiv den Artikel dazulernen.

bestimmter Artikel		unbestimmter Artikel
männlich	**le**	**un**
weiblich	**la**	**une**
Pluralform	**les**	**des** (diese Form gibt es im Deutschen nicht!)

Merke: *Vor einem Vokal (Selbstlaut) oder einem „stummen" h werden le und la zu l' „apostrophiert", d.h. der Vokal (Selbstlaut) e oder a entfällt. Vor einem Vokal (Selbstlaut) oder einem h entsteht mit les eine Bindung (liaison); dasselbe gilt für un.*

Beispiele:

le poisson	**un poisson**
l'abricot	**un‿abricot**
l'hôtel	**un‿hôtel**
les poissons	**des poissons**
les‿abricots	**des‿abricots**
les‿hôtels	**des‿hôtels**
la carotte	**une carotte**
l'omelette	**une omelette**
l'huitre	**une huitre**
les carottes	**des carottes**
les‿omelettes	**des‿omelettes**
les‿huitres	**des‿huitres**

2. Pluralbildung der Substantive (Mehrzahlbildung der Hauptwörter)

Singular (Einzahl)	**Plural (Mehrzahl)**
le poisson	**les poissons**
la carotte	**les carottes**
le noyau, le gâteau, le feu	**les noyaux, les gâteaux, les feux**
la noix	**les noix**
le radis	**les radis**
le nez	**les nez**

Der Plural (die Mehrzahl) wird durch Anhängen eines s gebildet, Ausnahmen bilden Substantive (Hauptwörter) mit den Endsilben -au/-eau/-eu und dem Endbuchstaben x, s und z.

3. Verben (Tätigkeitswörter)

mit Infinitiv (Grundform) auf **-er**	z. B. **mariner, braiser**
mit Inifinitiv (Grundform) auf **-ir**	z. B. **farcir, rôtir**
mit Infinitiv (Grundform) auf **-re**	z. B. **fondre**

(Verben auf **-oir** spielen in der Küchenfachsprache keine Rolle.)

4. Adjektive (Eigenschaftswörter)

Im Französischen bilden Adjektive (Eigenschaftswörter) in der Regel männliche, weibliche und Pluralformen und richten sich nach ihrem Bezugswort:

le vin blanc	männliche Form, Einzahl
la sauce verte	weibliche Form, Einzahl
les vins blancs	männliche Form, Plural
les sauces vertes	weibliche Form, Plural
les pommes fondantes	weibliche Form, Plural
le steak saignant	männliche Form, Einzahl

Es gibt auch aus Verben (Tätigkeitswörtern) abgeleitete Adjektive (Eigenschaftswörter):

z. B. **braiser**	**braisé**	**bœuf braisé** (m.)	
	braisée	**oie braisée** (w.)	
	braisés	**salsifis braisés** (m. Pl.)	
	braisées	**endives braisées** (w. Pl.)	
z. B. **rôtir**	**rôti/s**	**poulet rôti** (m.)	**poulets rôtis** (m. Pl.)
	rôtie/s	**dinde rôtie** (w.)	**dindes rôties** (w. Pl.)
z. B. **fondre**	**fondu**	**beurre fondu** (m.)	
z. B. **frire**	**frit/s**	**poissons frits** (m. Pl.)	
	frite/s	**pommes frites** (w. Pl.)	

5. Wortbildung

a) **une tasse à café**
une tasse de café
un verre à vin rouge
un verre de vin rouge

b) **une glace à la vanille**
un gâteau au chocolat (à le wird zu **au)**
une tarte aux fraises (à les wird zu **aux)**

c) **une crème d'épinards**
une côte de veau

Die obigen Beispiele erklären am einfachsten die wichtigsten Regeln zur Wortbildung im Französischen, die in der französischen Fachsprache auftreten:

zu a) **une tasse à café**
ist eine Kaffeetasse = für den Kaffee
un verre à vin rouge
ist ein Rotweinglas = für Rotwein
une tasse de café
ist eine Tasse Kaffee = mit Kaffee gefüllt!
un verre de vin rouge
ist ein Glas Rotwein = mit Rotwein gefüllt!

zu b) **une glace à la vanille**
= ein Eis, hergestellt mit Vanille
un gâteau au chocolat
= ein Kuchen, hergestellt mit Schokolade
une tarte aux fraises
= ein Obstkuchen mit Erdbeeren

zu c) **une crème d'épinards**
= eine Suppe aus Spinat
une côte de veau
= ein Kalbskotelett, Kotelett vom Kalb

Merke:
Une côte de veau aux champignons *ist ein Kotelett vom Kalb mit Champignons.*

C. Regeln zur französischen Schreibweise von Gerichten auf der Speisekarte

Die Grundregeln sind einfach:

1. Alle Wörter werden mit kleinen Buchstaben geschrieben

2. Großschreibung von Buchstaben erscheint

a) am Satzanfang, auf der Speisekarte am Zeilenanfang
b) bei Eigennamen, Personennamen, Gebiets-/Ortsnamen.

Anmerkung:

Adjektive, die mit dem Eigennamen eine Einheit bilden, werden auch großgeschrieben.

Beispiele:	
Filet de bœuf Wellington	(Personenname)
Coquilles Saint-Jacques	(Adjektiv + Personenname)
Poulet Marengo	(Ortsname)
Jambon de Bayonne	(Ortsname)
Tournedos Rossini	(Personenname)
Pommes Pont-Neuf	(Eigenname)
Soufflé au Grand Marnier	(Adjektiv + Eigenname)
Sauce Mornay	(Personenname)

3. Herkunftsbezeichnungen schreibt man klein

Beispiele:

Escalope de veau à la milanaise	Schnitzel wie in Mailand (nach Mailänder Art)
Salade niçoise	Salat wie in Nizza (nach Nizzaer Art)
Truite à la meunière	Forelle, wie sie die Müllerin zubereitet (nach Art der Müllerin)

4. Materialangaben schreibt man klein

Beispiele:

sauce (au) raifort
sauce (à la) moutarde

5. Gattungsnamen schreibt man klein

Beispiele:

sorbet au champagne
sauce (au) madère

1. Die Küchenbrigade

la brigade de cuisine brigad(e) dö küisin(e)

Küchenchef
le chef de cuisine

Stellvertreter
le sous-chef

Die Chefs der einzelnen Posten:
les chefs de partie:

Vorspeisenkoch
le hors d'œuvrier

Suppenkoch
le potager

Saucenkoch
le saucier

Gemüsekoch
l'entremetier

Bratenkoch
le rôtisseur

Fischkoch
le poissonnier

Koch am Grill
le grillardin

Koch der kalten Küche
le gardemanger

Küchenfleischer
le boucher

Vertretungskoch
le tournant

Küchenkonditor
le pâtissier

Jungkoch/Gehilfe
le commis

Lehrling
l'apprenti

Das Diagramm zeigt das Schema einer größeren Küchenbrigade.
In einer mittleren und kleineren Brigade fallen Aufgabengebiete zusammen, die Arbeiten werden von weniger Personal ausgeführt. In einer großen Küchenbrigade dagegen ist jeder Koch nur für je ein Aufgabengebiet verantwortlich (starke Spezialisierung).

Koch/Köchin (Berufsbez.)	**le cuisinier/la cuisinière**	küisiniee/küisiniär(e)
Küchenchef	**le chef de cuisine**	schef dö küisin(e)
Stellvertreter	**le sous-chef**	suschef
die Chefs der Küchenabteilungen	**les chefs de partie**	schef dö parti
Saucenkoch	**le saucier**	sosiee
Bratenkoch	**le rôtisseur**	rotisör
Fischkoch	**le poissonnier**	poasoniee
Koch am Grill	**le grillardin**	grijardãe
Gemüsekoch	**1. l'entremetier**	lãtrömetiee
	2. le légumier	legümiee
Suppenkoch	**le potager**	potaschee
Koch der kalten Küche	**le gardemanger**	gard(e) mãschee
Vorspeisenkoch	**l'hors d'œuvrier**	ordöwriee
Küchenfleischer	**le boucher**	buschee
Küchenkonditor	**le pâtissier**	patisiee
Vertretungskoch	**le tournant**	turnã
Jungkoch/Gehilfe	**le commis**	komi
Lehrling	**l'apprenti** (m.)	aprãti
Koch für „A-la-carte-Gerichte"	**le restaurateur**	restoratör
Diätkoch	**le régimier**	reschimiee
Chef eines Catering Service	**le traiteur**	trätör

2. Töpfe und Pfannen, Arbeitsgeräte

matériel et ustensiles de cuisine materiel e üstãsil(e) dö küisin(e)

A. Kochgeschirr

Kochgeschirr	**la batterie de cuisine**	bat(e)ri dö küisin(e)
Kochtopf, hoch	**la marmite**	marmit(e)
Kochtopf, halbhoch	**la marmite basse**	marmit(e) bas(e)
" , "	**la grande casserole**	grãd(e) kas(e)rol(e)
Henkelkasserolle, flach	**la casserole plate**	kas(e)rol(e) plat(e)
Stielkasserolle	**la casserole à manche**	kas(e)rol(e) a mãsch(e)
Stielkasserolle, flach	**le sautoir**	sotoar
Henkelkasserolle, flach	" "	
Schwenkkasserolle	**la sauteuse**	sotös(e)
Stielbratpfanne	**la poêle (lyonnaise)**	poal(e) lionäs(e)
Bratenpfanne	**la rôtissoire**	rotisoar(e)
Schmorpfanne	**la braisière**	bräsiär(e)
Fischkocher mit Einsatz	**la poissonnière**	poasoniär(e)

Wasserbadkasserolle	**la casserole pour bain-marie**	kas(e)rol(e) pur bãemari
Schmortopf	**la cocotte**	kokot(e)
Fritteuse	**la friteuse**	fritös(e)
Kessel	**le chaudron**	schodrõ
Töpfchen, feuerfest	**la cassolette**	kasolet(e)
Muschelförmchen	**la coquille**	kokij(e)
Becherform	**la dariole**	dariol(e)
irdene Form, Porzellanform	**la terrine**	terin(e)
Form, Kuchenform	**le moule**	mul(e)
Abtropfsieb	**la passoire**	pasoar(e)
Spitzsieb	**le chinois**	schinoa
Mehlsieb	**le tamis**	tami
Passiertuch	**l'étamine** (w.)	etamin(e)
Herd	**le fourneau**	furno
Backofen	**le four**	fur
Grill	**le gril**	gril
Kühlschrank	**le frigidaire**	frischidär(e)
Eisschrank	**la glacière**	glasiär(e)

B. Werkzeuge

Werkzeuge	**les ustensiles de cuisine**	üstãsil(e) dö küisin(e)
Sparschäler	**le couteau à éplucher**	kuto a eplüschee
Gemüsemesser/Officemesser	**le couteau d'office**	kuto dofis(e)
Tourniermesser	**le couteau à éplucher**	kuto a eplüschee
Kartoffellöffel/-ausbohrer	**le moule à pommes**	mul a pom(e)
Küchenmesser (mittelgroß)	**le couteau de chef**	kuto dö schef
Ausbeinmesser	**le couteau à désosser**	kuto a desosee
Filiermesser	**le couteau à fileter**	kuto a fil(e)tee
Geflügelschere	**le coupe-volailles**	kup(e) volaj(e)
Flossenschere	**les ciseaux à poissons**	siso a poasõ
Austernöffner	**le couteau à huitres**	kuto a üitr(e)
Spickrohr	**la lardoire**	lardoar(e)
Aufschnittmesser	**le tranchelard**	trãsch(e)lar
Buntschneidemesser	**le couteau à décorer**	kuto a dekoree
Sautiergabel	**la fourchette de chef**	furschet(e) dö schef
Palette	**la spatule**	spatül(e)
Schneidebrett	**la planche à découper**	plãsch(e) a dekupee
Kochlöffel	**la cuillère**	küijär(e)
Schöpflöffel	**la louche**	lusch(e)
Schaumlöffel	**l'écumoir** (m.)	ekümoar
Schneebesen	**le fouet**	fuä

3. Arbeiten in der Küche

les travaux de préparation / la technique culinaire

la mise en place	la mis(e) ã plas(e)	das Zurechtstellen von Zutaten und Geräten

A. Putzen, Reinigen

laver	lawee	waschen
égoutter	egutee	abtropfen lassen
dégorger (Fleisch/Fisch)	degorschee	waschen (unter fließendem Wasser), wässern
nettoyer	netoajee	säubern
ébarber (Fisch)	ebarbee	die Flossen entfernen
écailler (Fisch)	ekajee	schuppen
découper	dekupee	zerlegen
couper	kupee	schneiden
désosser	desosee	entbeinen
→ **l'os**	os	Knochen
dégraisser	degräsee	das Fett (von rohem Fleisch) abschneiden
→ **la graisse**	gräs(e)	Fett
parer	paree	zurechtschneiden
→ **les parures** (w. Pl.)	parür(e)	Haut, Fleischabschnitte
vider (Geflügel, Fisch)	videe	ausnehmen
écosser (Hülsenfrüchte)	ekosee	aushülsen

gratter (Gemüse)	gratee	abschaben
éplucher	eplüschee	schälen
peler	pölee	schälen
décortiquer	dekortikee	die Schale (z.B. von Krustentieren) entfernen
plumer	plümee	rupfen
→ **les plumes** (w. Pl.)	plüm(e)	Federn
flamber (Geflügel)	flãbee	absengen

B. Zerkleinern, Schneiden / Portionieren

râper (Gemüse, Käse)	rapee	raspeln
hacher	aschee	hacken
émincer	emãesee	fein schneiden, schnetzeln
tailler	tajee	zurechtschneiden
raboter (Gemüse)	rabotee	hobeln
tourner (Gemüse)	turnee	in Form schneiden, tournieren
fileter (Fleisch, Fisch, Orange)	fil(e)tee	filetieren
→ **le filet**	filä	Filet
trancher (Fleisch)	trãschee	in Scheiben schneiden
→ **la tranche**	trãsch(e)	Scheibe
escaloper (Fleisch)	eskalopee	in dünne Scheiben schneiden
→ **l'escalope** (w.)	eskalop(e)	Schnitzel
ciseler	sis(e)lee	ziselieren
concasser (Tomaten)	kõkasee	zerkleinern
couper	kupee	schneiden

couper en dés	ã dee	in Würfel
„ **en morceaux**	ã morso	in Stücke
„ **en tronçons**	ã trõsõ	in dickere Stücke
„ **en julienne**	ã schulien(e)	in feine Streifen
„ **en bâtonnets**	ã batonä	in dickere Streifen
„ **en brunoise**	ã brünoas(e)	in feine Würfel
„ **en paysanne**	ã peisan(e)	in feine Scheiben
„ **en tranches**	ã trãsch(e)	in Scheiben
„ **en darnes**	ã darn(e)	Fische in Scheiben schneiden
piler	pilee	zerstoßen

C. Zurichten / Vorbereiten, Würzen

habiller	abijee	zurichten (Fisch, Geflügel, Fleisch)
brider (Geflügel)	bridee	binden, bridieren
ficeler (Fleisch)	fis(e)lee	binden
dresser (Geflügel)	dresee	dressieren
piquer (Fleisch)	pikee	spicken
larder (Fleisch)	lardee	mit Speck durchziehen, lardieren
→ le lard	lar	Speck
barder (Fleisch, Geflügel)	bardee	mit Speck umwickeln, bardieren
mariner	marinee	beizen, marinieren
→ la marinade	marinad(e)	Beize, Marinade
macérer	maseree	einlegen (zum Aromatisieren)

beurrer	böree	buttern
→ le beurre	bör(e)	Butter
fariner	farinee	mehlieren
→ la farine	farin(e)	Mehl
paner	panee	panieren
→ la panure	panür(e)	Panierung
farcir	farcir	füllen
→ la farce	fars(e)	Füllung
assaisonner	asäsonee	würzen
saler	salee	salzen
→ le sel	sel	Salz
poivrer	poawree	pfeffern
→ le poivre	poawr(e)	Pfeffer
parfumer	parfümee	parfümieren
→ le parfum	parfõe	Duft, hier: Geschmack
aromatiser	aromatisee	aromatisieren
→ les aromates (w. Pl.)	aromat(e)	Kräuter
(faire) fondre (Butter, Schokolade)	fär(e) fõdr(e)	schmelzen (lassen)
mélanger	meläschee	mischen
battre (Eischnee)	batr(e)	schlagen
tamiser	tamisee	sieben
→ le tamis	tami	Sieb
saupoudrer	sopudree	bestreuen
→ la poudre	pudr(e)	Puder
frapper	frapee	in Eis-Salzgemisch kühlen

chemiser	schömisee	eine Form, z. B. mit Gelee, ausgießen
→ **la chemise**	schömis(e)	Hemd
foncer	fõsee	eine Form mit Teig oder Speck auslegen
travailler	trawajee	verarbeiten
marquer	markee	in ein Gefäß einsetzen, einrangieren

D. Zubereiten, Fertigstellen

accomoder	akomodee	zubereiten
arroser	arosee	begießen
tourner	turnee	wenden
écumer	ekümee	abschäumen
→ **l'écumoir** (m.)	ekümoar	Schaumlöffel
passer	pasee	passieren, durchseihen
dégraisser	degräsee	Fett abschöpfen
clarifier	klarifiee	klären
→ **clair**	klär	klar
déglacer	deglasee	ablöschen
→ **la glace (de viande)**	glas(e)	Fleischsaft
réduire	redüir(e)	einkochen lassen, reduzieren
→ **la réduction**	redüksiõ	Reduktion
délayer	delajee	auflösen durch Verrühren
lier	liee	binden, legieren
→ **la liaison**	liäsõ	Bindung
monter	mõtee	aufschlagen, montieren

glacer	glasee	1. mit Glasur überziehen, glasieren 2. mit Fleischsaft überglänzen, glacieren
→ la glace	glas(e)	1. Glasur 2. Fleischsaft
démouler	demulee	aus der Form stürzen
→ le moule	mul(e)	Form, Gefäß
dresser	dresee	anrichten
trancher	trãschee	aufschneiden, tranchieren
masquer	maskee	mit Sauce überziehen, maskieren
napper	napee	mit Sauce überziehen, nappieren
→ la nappe	nap(e)	Tischdecke
flamber	flãbee	flambieren
garnir	garnir	garnieren, mit einer Garnitur versehen
→ la garniture	garnitür(e)	Garnitur
décorer	dekoree	verzieren, dekorieren
→ la décoration	dekorasiõ	Dekoration
réchauffer	reschofee	(auf)wärmen
→ le rechaud	röscho	Speisewärmer
servir	servir	servieren
annoncer	anõsee	Bestellungen ausrufen

E. Garmethoden

modes de cuisson	mode(e) dö küisõ	Garmethoden
cuire	küir(e)	kochen, allgemein
→ la cuisine, le cuisinier, la cuisinière, la cuisson	küisin(e), küisiniee, küisiniär(e), küisõ	Küche, Koch, Köchin, das Kochen
blanchir	blãschir	abbrühen, blanchieren
→ blanc, blanche	blã, blãsch(e)	weiß
pocher	poschee	garziehen, pochieren
bouillir	buijir	kochen, sieden
→ le bouillon	buijõ	Fleischbrühe
étuver	etüwee	dämpfen
cuire à l'étouffée	küir(e) a letufee	im Dampf garen
cuire à la vapeur	küir(e) a la wapör	im Dampf garen
braiser	bräsee	1. im eigenen Saft dünsten, 2. in Flüssigkeit schmoren, braisieren
→ la braisière	bräsiär(e)	Schmortopf
poêler	poalee	in der Pfanne braten, poëlieren
→ la poêle	poal(e)	Pfanne
sauter	sotee	kurzbraten, sautieren
griller	grijee	grillen
→ le gril	gril	Grill
rôtir	rotir	im Ofen braten
→ le rôti, le rôtisseur, la rôtissoire	roti, rotisör, rotisoar(e)	Braten, Bratenkoch, Bratentopf
frire	frir(e)	in heißem Fett ausbacken, frittieren
→ la friteuse	fritös(e)	Fritteuse

cuire au four	küir(e) o fur	backen im Backofen
cuire au four à micro-ondes	küir(e) o fur a mikroõd(e)	garen im Mikrowellenherd
gratiner	gratinee	überbacken, gratinieren
→ le gratin	gratãe	Gratin
(faire) revenir	fär(e) röwönir	anbraten
saisir	säsir	bei starker Hitze braten
rissoler	risolee	in der Pfanne goldbraun braten
blondir	blõdir	hellbraun braten
mijoter	mi<u>sch</u>otee	köcheln lassen
fumer	fumee	räuchern

Hinweis:
Die Fachausdrücke für Arbeiten/Tätigkeiten in der Küche werden im Zusammenhang mit einzelnen Kapiteln wiederholt.

4. Gewürze und Kräuter

épices et aromates epis(e) e aromat(e)

A. Gewürze

Gewürze	**les épices**	epis(e)
Anis	**l'anis** (m.)	anis
Cayennepfeffer	**le poivre de Cayenne**	poawre dö kajen(e)
Curry	**le curry**	kari

Gewürznelke	**le clou de girofle**	klu dö schirofl(e)
Ingwer	**le gingembre**	schãeschãbr(e)
Kapern	**les câpres** (w. Pl.)	kapr(e)
Kardamom	**la cardamone**	kardamon(e)
Koriander	**le coriandre**	koriãdr(e)
Kümmel	**le cumin**	kümãe
Safran	**le safran**	safrã
Lorbeerblatt	**le laurier**	loriee
Muskatblüte	**le macis**	masi
Muskatnuss	**la noix de muscade**	noa dö müskad(e)
Paprika	**le paprika**	paprika
Pfeffer weiß / schwarz	**le poivre blanc / noir**	poawr(e) blã / noar
Piment / Nelkenpfeffer	**le piment**	pimã
Senfkorn	**le grain de moutarde**	grã dö mutard(e)
Vanille	**la vanille**	wanij(e)
Wacholderbeere	**le genièvre**	schöniäwr(e)
Zimt	**la cannelle**	kanel(e)
Mullsäckchen mit Gewürzen	**le sachet d'épices**	saschä depis(e)

B. Kräuter

Kräuter	**les aromates**	aromat(e)
Basilikum	**le basilic**	basilik
Bohnenkraut	**la sarriette**	sariet(e)
Borretsch	**la bourrache**	burasch(e)
Dill	**l'aneth** (m.)	anät
Estragon	**l'estragon** (m.)	estragõ
Kerbel	**le cerfeuil**	serföj
Knoblauch	**l'ail** (m.)	aj
Liebstöckel	**la livèche**	liwesch(e)
Majoran	**la marjolaine**	mar<u>sch</u>olän(e)
Meerrettich	**le raifort**	räfor
Oregano	**l'origan** (m.)	origã
Petersilie	**le persil**	persi
Pfefferminze	**la menthe**	mãt(e)
Rosmarin	**le romarin**	romarãe
Salbei	**la sauge**	so<u>sch</u>(e)
Schnittlauch	**la ciboulette**	sibulet(e)
Thymian	**le thym**	thãe
Waldmeister	**l'aspérule** (w.)	asperül(e)
feine Küchenkräuter	**les fines herbes** (w. Pl.)	finserb(e)
Kräutersträußchen	**le bouquet garni**	bukä garni

5. Zutaten und Zubereitungen

produits et preparations prodüi e preparasiõ

A. Zutaten

produits	prodüi	
le beurre	bör(e)	Butter
la graisse	gräs(e)	Fett
l'huile (w.)	üil(e)	Öl
l'huile (w.) **d'olives**	üil(e) doliw(e)	Olivenöl
le saindoux	sãedu	Schmalz
le lait	lä	Milch
la crème	kräm(e)	Sahne
la crème fraîche	kräm(e) fräsch(e)	saure Sahne
la farine	farin(e)	Mehl
la fécule	feköl(e)	Stärke
le sel	sel	Salz
le sucre	sükr(e)	Zucker
la semoule	sömul(e)	Grieß
le riz	ri	Reis
les nouilles (w. Pl.)	nuij(e)	Nudeln
les pâtes (w. Pl.)	pat(e)	Teigwaren, allgemein

B. Zubereitungen

préparations	preparasiõ	
l'aspic (m.)	aspik	Aspik
le beurre manié	bör(e) maniee	Mehlbutter
le bouquet garni	bukä garni	Kräutersträußchen (Lorbeer, Petersilie, Thymian)
le caramel	karamel	Karamell
la chapelure	schap(e)lür(e)	Paniermehl
la chiffonade	schifonad(e)	feine Streifen von Salat
le condiment	kõdimã	Würzmittel
les croûtons (m. Pl.)	krutõ	geröstete Weißbrotscheiben
la duxelles	düxel(e)	fein gehackte Champignons, Schalotten, Zwiebeln in Butter gebraten (als Farce, für Saucen)
la farce	fars(e)	Füllung
les fleurons (m. Pl.)	flörõ	Blätterteigmonde zur Dekoration
le fond	fõ	Grundbrühe
le fumet de poisson	fümä dö poasõ	reduzierter Fischfond
la glace de viande	glas(e) dö wiãd(e)	Fleischsaft
le jus	schü	Fleischsaft
les lardons (m. Pl.)	lardõ	Speckstreifen
la liaison	liäsõ	Bindung
la meringue	merãeg(e)	Baisermasse
la mie de pain	mi dö pãe	Brotkrume

la mirepoix	mir(e)poa	Röstgemüse (Zwiebeln, Wurzelgemüse)
la mousse	mus(e)	feine Farce
la mousseline	mus(e)lin(e)	feine Farce mit Schlagsahne
les parures (w. Pl.)	parür(e)	Fleischabschnitte
la pâte	pat(e)	Teig
la pulpe	pülp(e)	Fruchtfleisch, Mark
les quenelles (w. Pl.)	könel(e)	Klößchen
le roux	ru	Mehlschwitze
la saumure	somür(e)	Pökellake
le zeste de citron	sest(e) dö sitrõ	Zitronenschale

6. Vorspeisen

entrées, hors d'œuvre ãtree, ordöwr(e)

Gaumenkitzler (appetitanregendes Häppchen vor dem eigentlichen Menü)	**l'amuse-gueule**	amüs(e) göl(e)
kalte Vorspeise	**l'entrée froide** (w.) **hors d'œuvre froid** (m.)	ãtree froad(e) ordöwr(e) froa

warme Vorspeise	**l'entrée chaude** (w.) **hors d'œuvre chaud** (m.)	ãtree schod(e) ordöwr(e) scho

A. Kalte Vorspeisen

entrées froides	ãntree froad(e)
hors d'œuvre froids	ordöwr(e) froa

Auf der Speisekarte:

Hors d'œuvre variés	ordöwr(e) variee	Vorspeisenplatte
Canapés	kanapee	fein belegte Weißbrotschnitten
Gourmandises	gurmãdis(e)	kleine, feine Leckereien
Cocktail (engl.)	koktäl	Cocktail
Salade	salad(e)	Salat
Crudités	krüditee	rohe Gemüse
Pâté en croûte	patee ã krut(e)	Pastete in der Teigkruste
Pâté de campagne	patee dö kãpanj(e)	Fleischpastete
Pâté de foie	patee dö foa	Leberpastete
Terrine	terin(e)	Pastete in irdener Form, Terrine
Mousse	mus(e)	Schaumbrot
Galantine	galãtin(e)	große Rollpastete, Pastete im Tierkörper
Ballotine	balotin(e)	kleine Rollpastete
Chaud-froid	schofroa	Gericht in Gelee
Foie gras	foa gra	Gänseleber

Parfait de foie gras	parfä dö foa gra	getrüffelte Gänseleber
Charcuterie assortie	scharküt(e)ri asorti	Aufschnittplatte
Assiette anglaise	asiet(e) ãgläs(e)	Aufschnittplatte
Jambon cru	<u>sch</u>ãbõ krü	roher Schinken
Langue écarlate	lãg(e) ekarlat(e)	Pökelzunge
Saucisson	sosisõ	Wurst
Caviar	kawiar	Kaviar
Huitres	üitr(e)	Austern
Saumon fumé	somõ fümee	geräucherter Lachs
Melon au porto	mölõ o porto	Melone in Portwein
Avocat aux crevettes	avoca o kröwet(e)	Avocado mit Krabben

B. Warme Vorspeisen

entrées chaudes ãtree schod(e)
hors d'œuvre chauds ordöwr(e) scho

<u>Auf der Speisekarte:</u>

Toast (engl.)		überbackene Toasts
Rissoles	risol(e)	gefüllte Teigtäschchen
Bouchée	buschee	Pastetchen aus Blätterteig
Vol au vent	wol o wã	Pastete aus Blätterteig
Croustade	krustad(e)	Pastete aus Teig

Croquettes	kroket(e)	Kroketten
Beignets	bänjä	Krapfen
Fritots	frito	in Teig Ausgebackenes
Ramequins	ram(e)kãe	Törtchen mit Käse
Cromesquis	kromeski	Kroketten aus Teig
Pannequets	pan(e)kä	Eierkuchen, meist gefüllt
Crêpes	kräp(e)	dünne Pfannkuchen
Barquettes	barket(e)	Schiffchen, gefüllt
Tartelettes	tart(e)let(e)	Törtchen, gefüllt
Quiche	kisch(e)	salziger Kuchen
Tarte	tart(e)	salziger Kuchen
Tourte	turt(e)	salziger, gefüllter Kuchen aus Blätterteig
Flan	flã	salziger Kuchen
Coquille	kokij(e)	Gericht in Muschelförmchen
Ragoût	ragu	Ragout (im Näpfchen)
Quenelles	könel(e)	Klößchen
Timbale	tãebal(e)	Becherpastete
Soufflé	suflee	Auflauf, Soufflé
Escargots	eskargo	Schnecken
Brochette	broschet(e)	Spießchen

Hinweis: Die Vorspeisen erscheinen auf der Speisekarte mit dem Zusatz des verwendeten Materials; z. B.:

Salade de fruits de mer	salad(e) dö früi dö mär	Meeresfrüchtesalat
Tarte au fromage	tart(e) o fromasch(e)	Käsekuchen

oder mit dem Zusatz der Art und Weise, nach der das Gericht zubereitet wurde; z. B.:

Paté „maison“	patee mäsõ	Pastete nach Art des Hauses
Bouchées à la reine	buschee a la rän(e)	Königinpastetchen

oder mit dem Zusatz der Herkunft:

Jambon de Parme	schãbõ dö parm(e)	Parmaschinken
Quiche lorraine	kisch(e) lorän(e)	Speck-Eier-Torte aus Lothringen

7. Eier, Eierspeisen

les œufs leesö

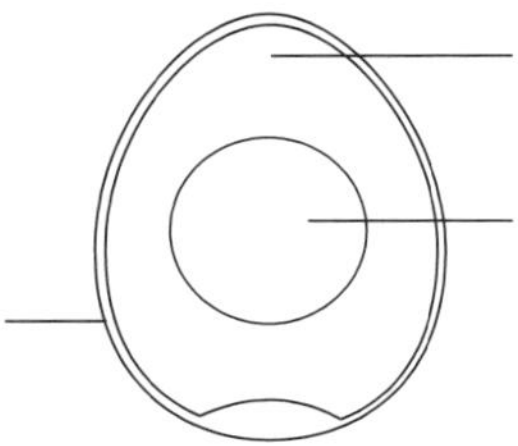

le blanc d’œuf
Eiweiß/Eiklar

le jaune d’œuf
Eigelb/Dotter

la coquille
Schale

Ei, Eier	**l’œuf** (m.), **les œufs** (m. Pl.)	öf, leesö

Eierschale	**la coquille**	kokij(e)
Eiweiß, Eiklar	**le blanc d'œuf**	blã döf
Eigelb, Dotter	**le jaune d'œuf**	schon(e) döf

A. Eier

Eier	**les œufs**	leesö
Entenei	**l'œuf de canard**	öf dö kanar
Gänseei	**l'œuf d'oie**	öf doa
Wachtelei	**l'œuf de caille**	öf dö kaj(e)

B. Eierspeisen

Eierspeisen	**les œufs**	leesö
weiche Eier in der Schale	**les œufs à la coque**	leesö a la kok(e)
wachsweiche Eier	**les œufs mollets**	leesö molä
harte Eier	**les œufs durs**	leesö dür
pochierte Eier	**les œufs pochés**	leesö poschee
Eier im Näpfchen	**les œufs en cocotte**	leesö ã kokot(e)
Rühreier	**les œufs brouillés**	leesö bruijee
Omeletts	**les omelettes** (w. Pl.)	lesom(e)let(e)
Spiegeleier	**les œufs sur le plat**	leesö sür lö pla
frittierte Eier	**les œufs frits**	leesö fri
Eierkuchen (meist gefüllt)	**le pannequet**	pan(e)kä
dünne Pfannkuchen	**les crêpes**	kräp(e)

Eierspeisen auf der Speisekarte

Œufs brouillés aux champignons	ö bruijee o schãpinjõ	Rührеier mit Champignons
Œufs en cocotte à la crème	ösã kokot(e) a la kräm(e)	Eier im Näpfchen in Sahne
Œufs durs à la mayonnaise	ö dür a la majonäs(e)	hart gekochte Eier mit Majonäse
Œufs durs farcis	ö dür farsi	gefüllte Eier
Œufs durs en salade	ö dür ã salad(e)	Eiersalat
Œufs en gelée	ösã schölee	Eier in Gelee
Œufs sur le plat au jambon	ö sür lö pla o schãbõ	Spiegeleier mit Schinken
Œufs pochés à la florentine	ö poschee a la florãtin(e)	gratinierte pochierte Eier auf Spinat
Œufs pochés Mornay	ö poschee mornä	pochierte Eier auf Croûtons mit Mornaysauce, überbacken
Omelette aux champignons	om(e)let(e) o schãpinjõ	Omelett mit Champignons
Omelette aux fines herbes	om(e)let(e) o finserb(e)	Omelett mit Kräutern
Omelette au fromage	om(e)let(e) o fromasch(e)	Omelett mit Käse
Omelette au jambon	om(e)let(e) o schãbõ	Omelett mit Schinken
Pannequets au fromage	pan(e)kä o fromasch(e)	Pfannkuchen, gefüllt mit Käse
Pannequets à la florentine	pan(e)kä a la florãtin(e)	Pfannkuchen, gefüllt mit Spinat

8. Suppen

les potages potasch(e)

A. Französische Fachausdrücke

le potage	potasch(e)	Suppe, allgemein
le consommé	kõsomee	Kraftbrühe
la soupe	sup(e)	dicke Suppe (Eintopf)
le bouillon	buijõ	Rinderbrühe, Bouillon
le court-bouillon	kurbuijõ	Brühe zum Kochen von Fischen
le fond	fõ	Grundbrühe
le fumet	fümä	eingekochter Fond (z. B. Fischfond)
l'essence (w.)	esãs(e)	konzentrierter Fond, Extrakt (z. B. Pilzfond)
remouillage	römuijasch(e)	Nachbrühe
le bouquet garni	bukä garni	Kräutersträußchen
le sachet d'épices	saschä depis(e)	Gewürze im Mullsäckchen
écumer	ekümee	abschöpfen
passer	pasee	durchseihen
dégraisser	degräsee	entfetten
lier	liee	binden
la liaison	liäsõ	Bindung

B. Einteilung der Suppen

Klare Suppen **potages clairs** potasch(e) klär		Gebundene Suppen **potages liés** potasch(e) liee	
Kraftbrühen **consommés** kõsomee Doppelte Kraftbrühen **consommés doubles** kõsomee dubl(e)	Gemüsesuppen **potages aux légumes** potasch(e) o legüm(e)	Samtsuppen **potages veloutés** potasch(e) wölutee Cremesuppen **potages crèmes** potasch(e) kräm(e) Püreesuppen **potages purées** potasch(e) püree	Gebundene braune Suppen **potages bruns liés** potasch(e) brõe liee

C. Klare Suppen

potages clairs potasch(e) klär

Kraftbrühen **consommés** kõsomee		
Rinderbrühe **bouillon** buijõ	+ Klärfleisch	= Kraftbrühe **consommé** kõsomee
Rinderbrühe **bouillon** buijõ	+ doppelte Menge Klärfleisch	= Doppelte Kraftbrühe **consommé double** kõsomee dubl(e)
Geflügelbrühe **fond de volaille** fõ dö volaj(e)	+ Klärfleisch	= Geflügelkraftbrühe **consommé de volaille** kõsomee dö wolaj(e)
Wildbrühe **fond de gibier** fõ dö schibiee	+ Klärfleisch vom Wild	= Wildkraftbrühe **consommé de gibier** kõsomee dö schibiee
Fischbrühe **fond de poisson** fõ dö poasõ	+ Klärfleisch vom Fisch	= Fischkraftbrühe **consommé de poisson** kõsomee dö poasõ

D. Gebundene Suppen

Gebundene Suppen	**potages liés**	potasch(e) liee	
Gemüsesuppen	**potages aux légumes**	potasch(e) o legüm(e)	= Suppen, die mit fein geschnittenem Gemüse und Brühe sämig gekocht und nicht passiert werden
Samtsuppen	**potages veloutés**	potasch(e) wölutee	= Suppen mit heller Mehlschwitze, Eigelb und Sahne
Cremesuppen	**potages crèmes**	potasch(e) kräm(e)	= Suppen mit heller Mehlschwitze, Sahne
Püreesuppen	**potages purées**	potasch(e) püree	= Suppen, deren Bindung durch Pürieren entsteht
Gebundene braune Suppen	**potages bruns liés**	potasch(e) brõe liee	= Suppen mit dunkler Mehlschwitze aus Schlachtfleisch, Wild, Wildgeflügel

E. Suppeneinlagen für klare Suppen

Klößchen	**quenelles** (w. Pl.)	könel(e)
Nockerln	**noques** (w. Pl.)	nok(e)

Eierstich	→ **consommé „royale“**	kõsomee rojal(e)
Käsebiskuit	**biscuit au fromage**	biskūi o fromasch(e)
Windbeutel	**profiteroles**	profit(e)rol(e)
Pfannkuchenstreifen	→ **consommé „célestine“**	kõsomee selestin(e)
Teigwaren	**nouilles** (w. Pl.)	nuij(e)
Reis	**riz** (m.)	ri
Gemüsestreifen	→ **consommé „julienne“**	kõsomee schülien(e)
Röstbrotwürfel	**croûtons** (m. Pl.)	krutõ
Markscheiben	**moelle** (w.)	moal(e)

Beispiele auf der Speisekarte:

Consommés

		wichtigste Bestandteile:
Consommé Carmen	kõsomee karmen	Tomaten, Paprika, Reis
Consommé Dubarry	kõsomee dübari	Blumenkohl
Consommé Jacqueline	kõsomee schak(e)lin(e)	Frühlingsgemüse
Consommé de volaille à la reine	kõsomee dö wolaj(e) a la rän(e)	Hühnerbrühe, Hühnerbrust
Consommé de gibier à la chasseur	kõsomee dö schibiee a la schasör	Wildbrühe, Champignons
Consommé de poisson à la russe	kõsomee dö poasõ a la rüs(e)	Fischbrühe, Gurkenwürfel, Dill
Consommé double au madère	kõsomee dubl(e) o madär(e)	Madeira
Consommé double à l'essence de morilles	kõsomee dubl(e) a lesãs(e) dö morij(e)	Morchelessenz
Consommé double à l'essence de perdreau	kõsomee dubl(e) a lesãs(e) dö perdro	Rebhuhnessenz
Consommé aux quenelles à la moelle	kõsomee o könel(e) a la moal(e)	Markklößchen

Consommé royale	kõsomee rojal(e)	Eierstich
Consommé célestine	kõsomee selestin(e)	Pfannkuchenstreifen
Consommé julienne	kõsomee schülien(e)	Einlage aus Gemüsestreifen
Consommé Colbert	kõsomee kolbär	pochiertes Ei

Potages aux légumes		wichtigste Bestandteile:
Potage paysanne	potasch(e) peisan(e)	auf Bauernart (Gemüse der Saison und Kartoffeln)
Potage fermière	potasch(e) fermiär(e)	auf Pächterinart (Wurzelgemüse)
Potage parisienne	potasch(e) parisien(e)	auf Pariser Art (Kartoffeln, Lauch)
Potage bonne femme	potasch(e) bon(e) fam(e)	auf Hausfrauenart (Kartoffeln, Lauch, halb Brühe, halb Milch)

Potages veloutés		wichtigste Bestandteile:
Velouté Carmen	wölutee karmen	Reis, Paprika, Tomaten
Velouté Dubarry	wölutee dübari	Blumenkohl
(Potage) Velouté de volaille	wölutee dö wolaj(e)	Geflügelsamtsuppe
Velouté aux morilles	wölutee o morij(e)	Morcheln
Velouté aux moules	wölutee o mul(e)	Weißwein, Muscheln
Velouté d'asperges	wölutee daspersch(e)	Spargel
Velouté d'oseille	wölutee doseij(e)	Sauerampfer
Potage (Velouté) au cresson	potasch(e) völutee o krösõ	Kresse

Hinweis:
Das Wort „potage“ wird auf der Speisekarte meist weggelassen; es wird aber auch oft „velouté“ weggelassen!

Potages crèmes

Crème Georgette	kräm(e) schorschet(e)	Artischockencremesuppe
Crème de volaille	kräm(e) dö wolaj(e)	Geflügelcremesuppe
Crème de tomates	kräm(e) dö tomat(e)	Tomatencremesuppe
(Potage) Crème de poireaux	kräm(e) dö poaro	Lauchcremesuppe

Hinweis: Das Wort „potage“ wird auch hier meist weggelassen!

Potages purées

		wichtigste Bestandteile:
Potage Parmentier	potasch(e) parmãtiee	Kartoffeln
Potage Saint-Germain	potasch(e) sãe schermãe	grüne Erbsen (= Hülsenfrüchte)
Potage paysanne	potasch(e) peisan(e)	Gemüse + Kartoffeln

Hinweis: Das Wort „purée“ wird auf der Speisekarte meist nicht verwendet!

Potages bruns liés

		wichtigste Bestandteile
Potage à la queue de bœuf	potasch(e) a la kö dö böf	Ochsenschwanz
Potage Windsor	potasch(e) windsor	Madeira, Makkaroni
Potage Saint Hubert	potasch(e) sãtübär	Wild, Champignons

Spezialsuppen

Bisque (de homard, de langouste, d'écrevisses)	bisk(e) [dö omar, dö lãgust(e), dekröwis(e)]	Cremesuppe von Krustentieren
Bouillabaisse	buijabäs(e)	südfranzösische Fischsuppe
Potage à la tortue	potasch(e) a la tortü	Schildkrötensuppe
Soupe à l'oignon	sup(e) a loanjõ	Zwiebelsuppe
Pot au feu	pot o fö	Gemüse/Fleisch-Eintopf
Petite Marmite	pötit(e) marmit(e)	Gemüse/Fleisch-Eintopf (weniger reichhaltig)
Vichyssoise	wischisoas(e)	kalte Gemüsesuppe

9. Fisch

A. Fische

	le poisson, les poissons (Pl.)	poasõ, poasõ
Süßwasserfische	**les poissons d'eau douce**	poasõ do dus(e)
Aal	**l'anguille** (w.)	ãgij(e)
Forelle	**la truite**	trüit(e)
Hecht	**le brochet**	broschä
Karpfen	**la carpe**	karp(e)
Lachs	**le saumon**	somõ
Lachsforelle	**la truite saumonée**	trüit(e) somonee
Zander	**le sandre**	sãdr(e)
Flusskrebs	**l'écrevisse** (w.)	ekröwis(e)
Froschschenkel	**la cuisse de grenouille** (w.)	küis(e) dö grönuj(e)
Meeresfische	**les poissons de mer**	poasõ dö mär
Barbe (Rotbarbe)	**le rouget**	ruschä
Barsch (Wolfsbarsch)	**le loup de mer / le bar**	lu dö mär / bar
Brasse (Goldbrasse)	**la dorade**	dorad(e)
Drachenkopf	**la rascasse**	raskas(e)
Goldbarsch	**le sébaste**	sebast(e)
Heilbutt	**le flétan**	fletã
Hering	**le hareng**	arã

Kabeljau	**le cabillaud**	kabijo
Makrele	**le maquerau**	mak(e)ro
Meeraal	**le congre**	kõgr(e)
Peterfisch	**le saint-pierre**	sãe piär(e)
Rochen	**la raie**	rä
Rotzunge	**la limande**	limãd(e)
Sardellen	**les anchois** (m. Pl.)	ãschoa
Sardine	**la sardine**	sardin(e)
Schellfisch	**l'aiglefin** (m.)	äglöfãe
Scholle	**le carrelet**	kar(e)lä
Schwertfisch	**l'espadon** (m.)	espadõ
Seehecht	**le merlu / le colin**	merlü / kolãe
Seeteufel	**la lotte de mer**	lot(e) dö mär
Seezunge	**la sole**	sol(e)
Steinbutt	**le turbot**	türbo
Thunfisch	**le thon**	tõ
Tintenfisch	**la poulpe**	pulp(e)
(je nach Größe)	**la seiche**	säsch(e)
	le calmar	kalmar
Wittling/Weißfisch	**le merlan**	merlã
Stockfisch	**la morue**	morü

B. Meeresfrüchte

B. Meeresfrüchte	**les fruits de mer**	früi dö mär
Muscheln, Schalentiere	**les mollusques, les coquillages**	molüsk(e), kokijasch(e)
Austern	**les huitres** (w. Pl.)	üitr(e)
Herzmuschel	**la coque**	kok(e)

Jakobsmuschel	**la coquille St. Jacques**	kokij(e) säe schak(e)
Miesmuschel	**la moule**	mul(e)
Venusmuschel	**la praire**	prär(e)
Meeresschnecke	**l'escargot** (m.) **de mer**	eskargo dö mär
Strandschnecke	**le bigorneau**	bigorno
Krustentiere	**les crustacés**	krüstasee
Hummer	**le homard**	omar
Languste	**la langouste**	lãgust(e)
Kaisergranat (= große Krabbe)	**la langoustine**	lãgustin(e)
Krabben/Garnelen	**les crevettes** (w. Pl.)	kröwet(e)
Krebs	**le tourteau**	turto
Taschenkrebs	**le crabe**	krab(e)
Seeigel	**l'oursin** (m.)	ursãe
Seespinne	**l'araignée** (w.) **de mer**	aränjee dö mär
Meeresschildkröte	**la tortue**	tortü

C. Französische Fachausdrücke bei der Zubereitung von Fisch

ébarber	ebarbee	entfernen der Flossen
écailler	ekajee	schuppen
vider	widee	ausnehmen
dégorger	degorschee	reinigen (unter fließendem Wasser)
couper en tronçons (Abb. 1)	kupee ã trõsõ	in Stücke schneiden
couper en darnes (Abb. 2)	kupee ã darn(e)	in Scheiben schneiden
fileter	fil(e)tee	filetieren

Abb. 1 **couper en tronçons**

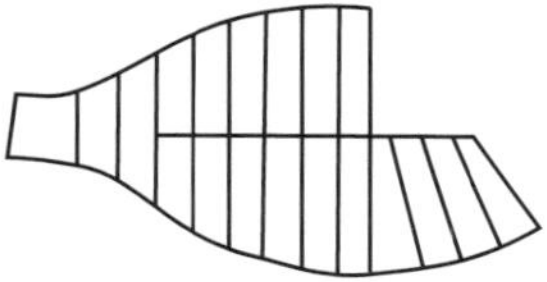

Abb. 2 **couper en darnes**

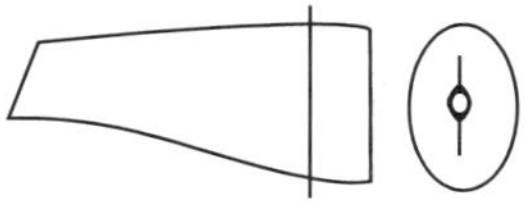

Abb. 3 **ciseler**

ciseler (Abb. 3)	sis(e)lee	einschneiden
la carapace	karapas(e)	Schale vom Hummer, Krebs u. a.
les arrêtes (w. Pl.)	arät(e)	Gräten
le court-bouillon	kur buijõ	Brühe zum Kochen von Fisch
la friture (de petits poissons)	fritür(e)	frittierte kleine Fische
la bisque	bisk(e)	Cremesuppe von Krebsen, Hummer

Beispiele von Fischgerichten auf der Speisekarte

von Süßwasserfischen

Anguille en matelote	ãgij(e)ã mat(e)lot(e)	Aalragout (mit Zwiebeln, Kräutern, Champignons und Wein)
Truite à la meunière	trüit(e) a la möniär(e)	Forelle Müllerinart
Truite au bleu	trüit(e) o blö	Forelle blau
Truite aux amandes	trüit(e) osamãd(e)	Forelle, gebraten mit Mandeln
Quenelles de brochet	könel(e) dö broschä	Hechtklößchen
Saumon en belle vue	somõ ã bel(e) wü	ganzer Lachs, gekocht, gehäutet und dekoriert (für große Buffets)
Saumon fumé	somõ fümee	Räucherlachs

von Meeresfischen

Dorade rôtie	dorad(e) roti	Goldbrasse, gebraten
Loup de mer grillé	lu dö mär grijee	Barsch (Wolfsbarsch), gegrillt
Maquereau au beurre noisette	mak(e)ro o bör(e) noaset(e)	Makrele mit brauner Butter
Merlan frit	merlã fri	Weißfisch, frittiert
Friture de sardines	fritür(e) dö sardin(e)	ausgebackene Sardinen
Filets de sole au vin blanc	filä dö sol(e) o vãe blã	Seezungenfilets in Weißweinsauce
Turbot poché sauce hollandaise	türbo poschee sos(e) olãdäs(e)	Steinbutt, pochiert, mit holländ. Sauce
Thon grillé	tõ grijee	Thunfisch, gegrillt

von Meeresfrüchten

Calmars en friture	kalmar ã fritür(e)	ausgebackene Tintenfische
Cocktail de crevettes	koktäl dö kröwet(e)	Krabbencocktail
Coquilles St. Jacques	kokij(e) sãe <u>sch</u>ak(e)	überbackene Jakobsmuscheln
Homard à l'américaine	omar a lamerikän(e)	Hummer auf amerik. Art (mit Tomatensauce)
Homard Thermidor	omar termidor	Hummer „Thermidor“
Huitres en brochette	hüitr(e)ã broschet(e)	Austernspießchen
Langouste à la mayonnaise	lãgust(e) a la majonäs(e)	Languste mit Majonäse
Langoustines frites	lãgustin(e) frit(e)	ausgebackene (große) Krabben
Moules à la marinière	mul(e) a la mariniär(e)	Miesmuscheln in Weißweinsud
Bouillabaisse	bujabäs(e)	südfranzösische Fischsuppe
Bisque de homard	bisk(e) dö omar	Cremesuppe von Hummer

10. Fleisch

viande (w.) viãd(e)

A. Schlachtfleisch

Schlachtfleisch	**la viande de boucherie**	viãd(e) dö buscheri
Rind	**le bœuf**	böf
Kalb	**le veau**	wo
Schwein	**le porc**	por
Spanferkel	**le cochon de lait**	koschõ dö lä
Hammel, Schaf	**le mouton**	mutõ
Lamm	**l'agneau** (m.)	anjo

Einteilung des Rindes
le bœuf

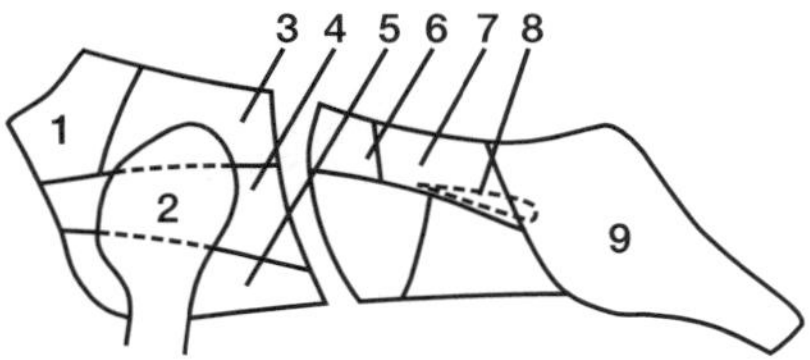

(1) Kamm	**le collier**	koliee
(2) Bug	**la gîte de devant,**	schit(e) dö döwã
	la macreuse, le jumeau	makrös(e), schümo
(3) Fehlrippe	**les basses côtes** (w. Pl.)	bas(e) kot(e)
(4) Spannrippe	**le plat de côtes**	pla dö kot(e)
(5) Brust	**la poitrine**	poatrin(e)
(6) Hochrippe	**le faux-filet**	fo filä
(7) Roastbeef	**l'aloyau** (m.)	aloajo
(8) Filet	**le filet**	filä
(9) Keule	**la gîte arrière**	schit(e) ariär(e)
	la gîte à la noix	schit(e) a la noa

Einteilung des Roastbeefs
l'aloyau

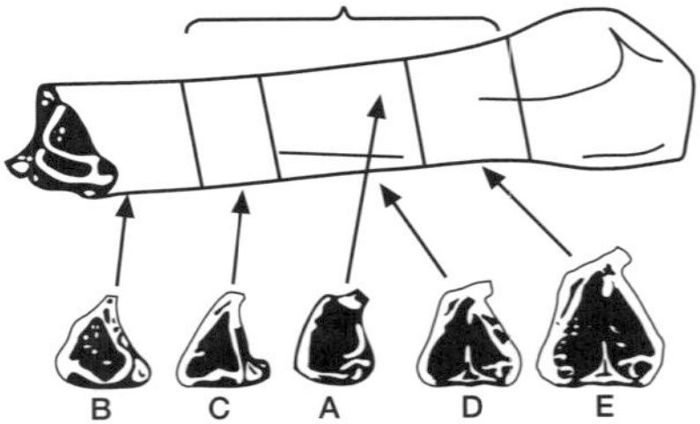

A	Zwischenrippenstück	**entrecôte**	ãtrekot(e)
	Doppeltes Zwischenrippenstück	**entrecôte double**	... dubl(e)
B	Kotelett	**côte de bœuf**	kot(e) dö böf
C	Club Steak (engl.)		
D	T-Bone Steak (engl.)		
E	Porterhouse Steak (engl.)		

Einteilung des Filets
le filet de bœuf

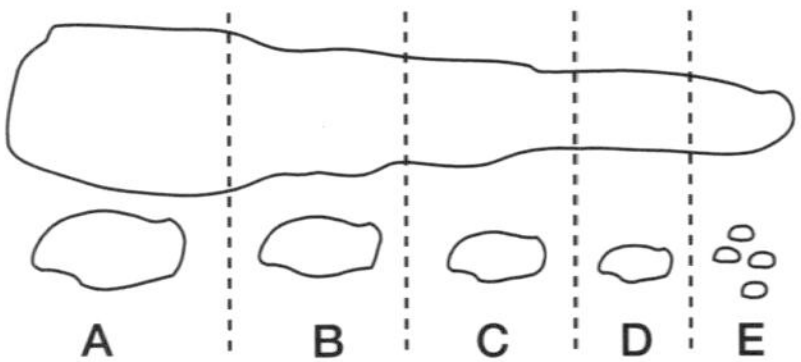

A	doppelte Lendenschnitte	**chateaubriand**	schatobriã
B	Filetsteak	**filet-bifteck**	filä biftek
C	Tournedos	**tournedos**	turnedo
	= dicke runde Scheibe, rundum mit Speck umbunden		
D	Filets mignons	**filets mignons**	filä minjõ
E	Filetgulasch	**filet-goulache**	filä gulasch(e)

Einteilung des Kalbs

le veau

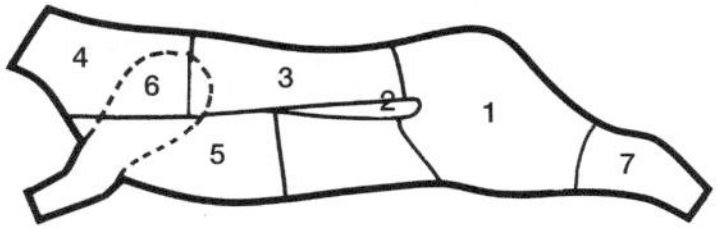

(1) Keule	**le cuisseau**	küiso
(2) Filet	**le filet**	filä
(3) Rücken	**le carré / la longe**	karee / lõsch(e)
	les côtes (w. Pl.)	kot(e)
(4) Hals	**le collier**	koliee
(5) Brust	**la poitrine**	poatrin(e)
(6) Schulter	**l'épaule** (w.)	epol(e)
(7) Haxe	**le jarret**	scharä

Einteilung des Schweins

le porc

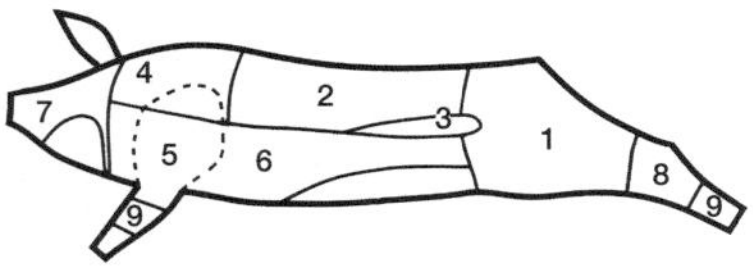

(1) Schinken	**le jambon**	schãbõ
(2) Kotelettstück	**le carré**	karee
	les côtelettes (w. Pl.)	kot(e)let(e)
(3) Filet	**le filet**	filä
(4) Kamm	**l'échine** (w.)	eschin(e)
(5) Bug/Schulter	**l'épaule** (w.)	epol(e)
(6) Bauch	**la poitrine**	poatrin(e)
(7) Kopf	**la tête**	tät(e)
(8) Haxe, Eisbein	**le jambonneau**	schãbono
(9) Spitzbein	**le pied**	piee

Einteilung des Hammels / des Schafes / des Lammes

le mouton, l'agneau

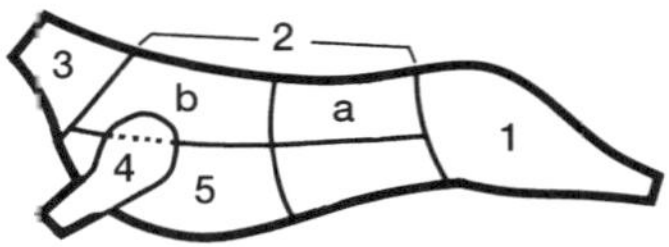

(1) Keule	**le gigot**	schigo
(2) Rücken		
(a) Sattel	**la selle**	sel(e)
(b) Kotelettstück	**le carré**	karee
Koteletts einzeln	**les côtelettes** (w. Pl.)	kot(e)let(e)
(1) + **(2)** Rücken und 2 Keulen	**le baron**	barõ
(3) Hals	**le collier / le collet**	koliee / kolä
(4) Bug / Schulter	**l'épaule** (w.)	epol(e)
(5) Brust	**la poitrine**	poatrin(e)

Innereien und andere Teile

Hirn	**la cervelle**	serwel(e)
Zunge	**la langue**	lãg(e)
Herz	**le cœur**	kör
Leber	**le foie**	foa
Nieren	**les rognons** (m. Pl.)	ronjõ
Bries (Kalb/Lamm)	**le ris**	ri
Kutteln, Kaldaunen	**les tripes** (w. Pl.)	trip(e)

Netz	**la crépine**	krepin(e)
Pansen (Rind)	**le gras-double**	gra dubl(e)
Knochen	**l'os** (m.), **les os** (m. Pl.)	os/o
Knochenmark	**la moelle**	moal(e)
Rückenmark	**l'amourette** (w.)	amuret(e)
Speck	**le lard**	lar
Speckschwarte	**la couenne**	kuen(e)
Kopf	**la tête**	tät(e)
Ohren	**les oreilles**	orej(e)
Maul	**le museau**	müso
Schwanz	**la queue**	kö

B. Französische Fachausdrücke für Arbeiten bei der Vorbereitung, Zubereitung und Fertigstellung von Fleisch

Vorbereitung

découper	dekupee	zerteilen
couper en morceaux	kupee ã morso	in Stücke
en dés, en tranches	ã dee, ã trãsch(e)	in Würfel, in Scheiben schneiden

hacher	aschee	hacken
émincer	emãesee	schnetzeln
désosser	desosee	entbeinen
dégraisser	degräsee	entfetten
parer	paree	zurechtschneiden
ficeler	fiselee	binden
barder	bardee (Abb. 1)	mit Speck umwickeln
larder	lardee (Abb. 2)	mit Speck durchziehen
piquer	pikee (Abb. 3)	mit Speck spicken

Abb. 1

barder

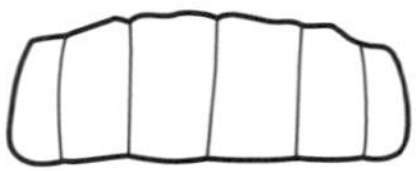

Abb. 2

larder

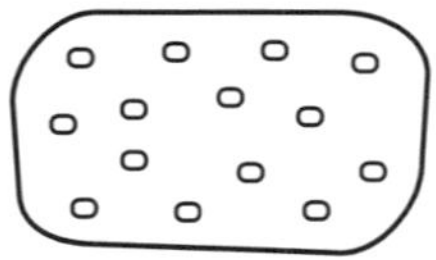

Abb. 3

piquer

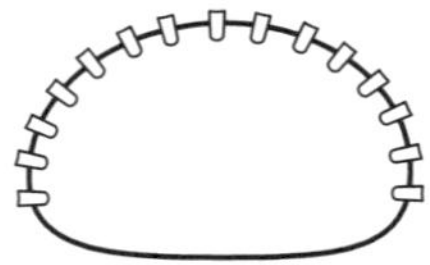

mariner	marinee	marinieren
assaisonner	asäsonee	würzen
saler	salee	salzen
poivrer	poawree	pfeffern
paner	panee	panieren
farcir	farsir	füllen

Zubereitung und Fertigstellung

bouillir	buijir	kochen
étuver	etüwee	dämpfen
braiser	bräsee	schmoren/dünsten
rôtir	rotir	braten (im Ofen)
sauter	sotee	kurzbraten (in der Pfanne)
griller	grijee	grillen
frire	frir(e)	frittieren
saisir	säsir	in starker Hitze anbraten
mijoter	mischotee	sanft schmoren, köcheln lassen
poêler	poalee	in der Pfanne braten
arroser	arosee	begießen
déglacer	deglasee	ablöschen
garnir	garnir	garnieren
trancher	trãchee	tranchieren

Garstufen bei Steaks vom Rind

blau	innen roh	**bleu** (blö)	rare (engl.)
blutig	im Kern blutig	**saignant** (sänjã)	medium rare (engl.)
rosa	innen rosa	**anglais** (ãglä)	medium (engl.)
halbrosa	im Kern rosa	**à point** (a poãe)	medium (engl.)
durch	innen grau	**bien cuit** (biã küi)	well done (engl.)

Fleischstücke und Fleischzerkleinerungen

Braten	**le rôti**	roti
Rollbraten	**la roulade**	rulad(e)
Kotelett vom größeren Tier	**la côte**	kot(e)
Kotelett vom kleineren Tier	**la côtelette**	kot(e)let(e)
Schnitzel	**l'escalope** (w.)	eskalop(e)
runde Scheibe	**le médaillon**	medajõ
Roulade	**la paupiette**	popiet(e)
größere Würfel, Stücke	**le ragoût**	ragu
	le sauté	sotee
	la goulache	gulasch(e)
Würfel von hellem Fleisch	**la fricassée**	frikasee
	la blanquette	blãket(e)
kleine Würfel	**le salpicon**	salpikõ
blättrig geschnittenes Fleisch (auch: dünne Streifen = Geschnetzeltes)	**l'émincé** (m.)	emãesee
Stückchen am Spieß	**la brochette**	broschet(e)
Hackfleisch	**la viande hachée**	viãd(e) aschee

Zubereitungen aus Hackfleisch

Fleischklößchen	**les boulettes** (w. Pl.)	bulet(e)
	les croquettes (w. Pl.)	kroket(e)

Fleischklöße	**les fricadelles** (w. Pl.)	frikadel(e)
Hackbraten	**le pain de viande**	päe dö viäde
	le hachis	aschi
Füllmasse/Farce	**la farce**	fars(e)

Die Farce dient als Basis zur Herstellung von:

Terrine (= Pastete in irdener Form)	**la terrine**	terin(e)
Pastete (meist im Teigmantel)	**le pâté**	patee
Rollpastete oder Pastete im Tierkörper	**la galantine**	galãtin(e)
kleine Rollpastete	**la ballotine**	balotin(e)
Parfait (rohe Grundstoffe, pochiert)	**le parfait**	parfä
Mousse (gegarte Grundstoffe)	**la mousse**	mus(e)

Fleischgerichte auf der Speisekarte

vom Rind

Aloyau rôti	aloajo	Lendenbraten
Bifteck	biftek	Beefsteak (engl.)
Bœuf à la mode	böf a la mod(e)	in Rotwein geschmortes, gespicktes Rindfleisch
Bœuf bouilli	böf buiji	gekochtes Rindfleisch
Bœuf bourguignon	böf burginjõ	Rindfleisch Burgunder Art

Bœuf braisé	böf bräsee	geschmortes Rindfleisch
Bœuf en daube (auch: **Daube de bœuf**)	böf ã dob(e) dob(e) dö böf	geschmortes Rindfleisch mit Rotwein und Zwiebeln
Chateaubriand	schatobriã	doppelte Lendenschnitte
Côte de bœuf	kot(e) dö böf	Ochsenkotelett
Entrecôte	ãtrekot(e)	Zwischenrippenstück
Entrecôte double	ãtr(e)kot(e) dubl(e)	doppeltes Zwischenrippenstück
Estouffade	estufad(e)	Rindsragout
Filet de bœuf	filä dö böf	Rinderfilet
Fondue bourguignonne	fõdü burginjon(e)	Fleischfondue
Goulache	gulasch(e)	Gulasch
Gras-double	gra dubl(e)	Kutteln
Hachis	aschi	Hackbraten
Langue de bœuf	lãg(e) dö böf	Rinderzunge
Paupiettes de bœuf	popiet(e) dö böf	Rindsrouladen
Poitrine de bœuf	poatrin(e) dö böf	Ochsenbrust
Queue de bœuf	kö dö böf	Ochsenschwanz
Rosbif	rosbif	Roastbeef (engl.)
Rôti de bœuf	roti dö böf	Rinderbraten
Rumsteck	rumstek	Rumpsteak (engl.)
Steak	stek	Steak (engl.)
Sauté de bœuf	sotee dö böf	Rindsragout
Tournedos	turnedo	runde Lendenschnitte, mit grünem Speck umbunden
Tripes	trip(e)	Kutteln

vom Kalb

Blanquette de veau	blanket(e) dö wo	Kalbsragout in weißer Sauce
Cervelle de veau	serwel(e) dö wo	Kalbshirn
Côte de veau	kot(e) dö wo	Kalbskotelett
Cuisseau de veau	küiso dö wo	Kalbsschlegel
Emincé de veau	emãesee dö wo	Kalbsgeschnetzeltes
Escalope de veau	eskalop(e) dö wo	Kalbsschnitzel
Filet de veau	filä dö wo	Kalbsfilet
Foie de veau	foa dö wo	Kalbsleber
Fricassée de veau	frikasee dö wo	Kalbsfrikassee in heller Sauce
Fricandeau	frikãdo	gespickte Scheibe aus der Nuss
Grenadin	grönadãe	gespicktes, paniertes Schnitzel
Jarret de veau	scharä dö wo	Kalbshaxe
Longe de veau	lõsch(e) dö wo	Kalbsnierenbraten
Paupiettes de veau	popiet(e) dö wo	Kalbfleischröllchen
Pieds de veau	piee dö wo	Kalbsfüße
Poitrine de veau	poatrin(e) dö wo	Kalbsbrust
Ris de veau	ri dö wo	Kalbsbries
Rognon de veau	ronjõ dö wo	Kalbsniere
Sauté de veau	sotee dö wo	Geschnetzeltes
Selle de veau	sel(e) dö wo	Kalbsrücken
Tête de veau	tät(e) dö wo	Kalbskopf

vom Schwein

Carré de porc	karee dö por	Schweinerücken
Côte de porc	kot(e) dö por	Schweinekotelett
Cuisse de porc	küis(e) dö por	Schweineschlegel
Escalope de porc	eskalop(e) dö por	Schweineschnitzel
Filet de porc	filä dö por	Schweinefilet
Foie de porc	foa dö por	Schweineleber
Jambon	schãbõ	Schinken
Jarret de porc	scharä dö por	Schweinshaxe
Pieds de porc	piee dö por	Schweinsfüße
Rôti de porc	roti dö por	Schweinebraten

vom Hammel / Schaf / Lamm

Brochette de mouton	broschet(e) dö mutõ	Hammelspießchen
Cassoulet	kasulä	Eintopf aus weißen Bohnen mit Hammel- und Gänsefleisch
Carré d'agneau	karee danjo	Lammrücken
Cervelle d'agneau	serwel(e) danjo	Lammhirn
Côtelette d'agneau	kot(e)let(e) danjo	Lammkotelett
Epaule d'agneau	epol(e) danjo	Lammschulter
Fricassée d'agneau	frikasee danjo	weißes Lammragout
Gigot d'agneau	schigo danjo	Lammkeule
Gigot de mouton	schigo dö mutõ	Hammelkeule
Navarin	nawarãe	Hammelragout mit weißen Rüben
Poitrine d'agneau	poatrin(e) danjo	Lammbrust
Ragoût de mouton	ragu dö mutõ	Hammelragout
Ris d'agneau	ri danjo	Lammbries
Rognons d'agneau	ronjõ danjo	Lammnieren
Rôti d'agneau	roti danjo	Lammbraten
Rôti de mouton	roti dö mutõ	Hammelbraten
Sauté d'agneau	sotee danjo	Geschnetzeltes vom Lamm
Selle d'agneau	sel(e) danjo	Lammsattel
Selle de mouton	sel(e) dö mutõ	Hammelrücken

Anmerkung:
Diese Gerichte erscheinen auf der Speisekarte unter verschiedenen Zubereitungsarten und mit verschiedenen Garnituren, die dem Namen des Gerichtes (dem Grundgericht) jeweils als Bestandteil angefügt werden, siehe: Kapitel 18 „Garnituren" und Vorspann „Grammatik à la carte" (Schreibweise auf der Speisekarte).

11. Geflügel, Wildgeflügel, Wild

A. Geflügel

Geflügel	**la volaille**	wolaj(e)
Küken	**le poussin**	pusãe
Hähnchen	**le poulet**	pulä
Poularde	**la poularde**	pulard(e)
Suppenhuhn	**la poule**	pul(e)
Truthahn	**la dinde**	dãed(e)
Ente	**le canard**	kanar
Gans	**l'oie** (w.)	oa
Perlhuhn	**la pintade**	pãetad(e)
Taube	**le pigeon**	pischõ

B. Wildgeflügel

Wildgeflügel	**le gibier à plumes**	lö schibiee a plüm(e)
Fasan	**le faisan**	fösã
Rebhuhn	**la perdrix**	perdri
junges Rebhuhn	**le perdreau**	perdro
Wachtel	**la caille**	kaj(e)
Wildente	**le canard sauvage**	kanar sowasch(e)

C. Wild

Wild	**le gibier à poil**	lö schibiee a poal
Kaninchen	**le lapin**	lapãe
Hase	**le lièvre**	liäwr(e)
Hirsch	**le cerf**	sär
Reh	**le chevreuil**	schöwröj
Wildschwein	**le sanglier**	sãgliee
Frischling (junges Wildschwein)	**le marcassin**	markasãe

D. Spezielle Fachausdrücke für Teile von Geflügel / Wildgeflügel und Wild

Geflügel / Wildgeflügel

Geflügelklein	**les abatis** (m. Pl.)	abati
Flügel	**les ailes** (w. Pl.)	äl(e)
Schenkel	**la cuisse**	küis(e)
Brustfleisch	**le suprême**	süpräm(e)
Federn	**les plumes** (w. Pl.)	plüm(e)
Knochengerüst	**la carcasse**	karkas(e)

Wild

Rücken (Hase)	**le râble**	rabl(e)
Rücken (anderes Wild)	**la selle**	sel(e)
Schlegel	**le cuissot**	küiso

E. Fachausdrücke bei der Vorbereitung von Geflügel / Wildgeflügel und Wild

faisander	fösãdee	abhängen lassen
le faisandage	fösãdasch(e)	Wildgeflügelgeschmack
le haut-goût	ogu	typischer Wildgeschmack
plumer	plümee	rupfen
flamber	flãbee	abflämmen
vider	videe	ausnehmen
dresser	dresee	dressieren
mariner	marinee	marinieren, beizen
brider (Abb. 1)	bridee	binden
barder (Abb. 2)	bardee	mit Speckscheiben umhüllen

Abb. 1
brider

Abb. 2
barder

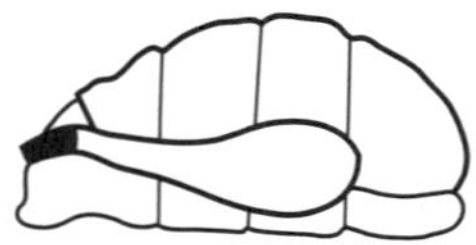

Gerichte von Geflügel, Wildgeflügel und Wild auf der Speisekarte

vom Geflügel / Wildgeflügel

Aiguillettes de canard	ägijet(e) dö kanar	Streifen von Entenbrustfilet
Ballotine de canard	balotin(e) dö kanar	Entenrollpastete

Cailles à la broche	kaj(e) al la brosch(e)	Wachteln am Spieß
Confit d'oie	kõfi doa	eingemachtes Gänsefleisch
Coq au vin (au riesling)	kok o vãe (o risling)	Hahn in Weißwein
Croquettes de volaille	kroket(e) dö wolaj(e)	Geflügelkroketten
Cuisse de poulet	küis(e) dö pulä	Hähnchenschenkel
Escalope de dinde	eskalop(e) dö dãed(e)	Truthahnschnitzel
Foie gras	foa gra	Gänsestopfleber
Foies de volaille	foa dö wolaj(e)	Geflügelleber
Fricassée de poulet	frikasee dö pulä	Hühnerragout in heller Sauce
Galantine de volaille	galãtin(e) dö wolaj(e)	Geflügelrollpastete
Magret de canard	magrä dö kanar	Entenbrust
Pâté de faisan	patee dö fösã	Fasanenpastete
Parfait de foie gras	parfä dö foa gra	Gänseleberparfait
Pâté de foie gras	patee dö foa gra	Gänseleberpastete
Salmis	salmi	Ragout vom Federwild

vom Wild

Blanquette de lapin	blãket(e) dö lapãe	Kaninchenragout in weißer Sauce
Civet de lièvre	sivä dö liäwr(e)	Hasenpfeffer
Côtelette de chevreuil	kot(e)let(e) dö schöwröj	Rehkotelett
Cuissot de chevreuil	küiso dö schöwröj	Rehschlegel
Escalope de chevreuil	eskalop(e) dö schöwröj	Rehschnitzel
Filet de chevreuil	filä dö schöwröj	Rehfilet
Filet de lapin	filä dö lapãe	Hasenfilet
Fricassée de lapin	frikasee dö lapãe	Kaninchenragout in heller Sauce

Gibelotte	schib(e)lot(e)	Kaninchenragout in Weißweinsauce
Médaillons de chevreuil	medajõ dö schöwröj	Rehmedaillons
Noisettes de chevreuil	noaset(e) dö schöwröj	Rehnüsschen
Pâté de chevreuil	patee dö schöwröj	Rehpastete
Pâté de lièvre	patee dö liäwre	Hasenpastete
Râble de lièvre	rabl(e) dö liäwr(e)	Hasenrücken
Ragoût de chevreuil	ragu dö schöwröj	Rehragout
Ragoût de lapin	ragu dö lapãe	Kaninchenragout
Ragoût de lièvre	ragu dö liäwr(e)	Hasenragout
Sanglier en civet	sãgliee ã sivä	Wildschweinpfeffer
Sauté de chevreuil	sotee dö schöwröj	Rehgeschnetzeltes
Selle de chevreuil	sel(e) dö schöwröj	Rehrücken
Steak de cerf	stek dö sär	Hirschsteak
Steak de chevreuil	stek dö schöwröj	Rehsteak

Anmerkung:
Die Namen der Gerichte auf der Speisekarte erscheinen auch hier meist erweitert durch den Zusatz der Zubereitungsart und/oder der Garnitur.

12. Saucen

les sauces sos(e)

A. Fachausdrücke bei der Zubereitung von Saucen

grandjus	grãschü	große braune Brühe
mirepoix	mir(e)poa	Röstgemüse
roux blanc	ru blã	helle Mehlschwitze
roux brun	ru brõe	dunkle Mehlschwitze
fond	fõ	Grundbrühe
fumet	fümä	Dünstfond (z.B. von Fisch)
liaison	liäsõ	Bindung
beurre manié	bör(e) maniee	Mehlbutter
réduction	redüksiõ	Reduktion
déglacer	deglasee	ablöschen
glace de viande	glas(e) dö wiãd(e)	Bratensaft
jus (de viande)	schü dö wiãd(e)	Fleischsaft
jus de veau	schü dö wo	Kalbfleischsaft, „Kalbsjus“
réduire	redüir(e)	einkochen
passer	pasee	durchseihen, passieren
monter	mõtee	aufschlagen, montieren

B. Einteilung der Saucen

warm				*kalt*
Braune Grundsauce	Weiße Grundsauce	Béchamel-sauce	Holländische Sauce	Majonäse
demiglace dömiglas(e)	**velouté** wölutee	**sauce Béchamel** sos(e) beschamel	**sauce hollandaise** sos(e) olãdäs(e)	**mayonnaise** majonäs(e)

C. Braune Grundsauce

Braune Grundsauce	**sauce demiglace**	sos(e) dömiglas(e)
Ausgangsmaterial: große braune Brühe	**grandjus**	grã<u>sch</u>ü
Bindung: braune Mehlschwitze	**roux brun**	ru brõe

Ableitungen der braunen Grundsauce:

Bordelaiser Sauce	**sauce bordelaise**	sos(e) bordeläs(e)	Roter Bordeauxwein, Schalotten, Pfefferkörner, Thymian, Lorbeerblatt, Einlage: Markwürfel.
Burgunder Sauce	**sauce bourguignonne**	sos(e) burginjon(e)	Burgunderwein, Schalotten, Thymian, Petersilie, Lorbeerblatt, Champignonstiele, Cayennepfeffer.
Champignonsauce	**sauce aux champignons**	sos(e) o schãpinjõ	Champignonfond, Butterstückchen. Einlage: Champignonscheibchen.
Italienische Sauce	**sauce italienne**	sos(e) italien(e)	Einlage: Schalotten, Champignons, gekochter Schinken, Knoblauch, Kräuter, Weißwein, Tomaten.
Madeirasauce	**sauce madère**	sos(e) madär(e)	Madeirawein, Butterstückchen.
Orangensauce	**sauce à l'orange**	sos(e) a lorã<u>sch</u>(e)	Streifchen von Orangenschale, Zucker, Rotwein, Orangensaft, Grand-Marnier, Zitronensaft, Butterstückchen.
Pikante Sauce	**sauce piquante**	sos(e) pikãt(e)	Reduktion: Essig, Zwiebeln, Pfeffer. Einlage: Gewürzgurken, Petersilie.
Robertsauce	**sauce Robert**	sos(e) robär	Reduktion: Essig, Weißwein, Zwiebeln, Senf, Zitronensaft.
Teufelssauce	**sauce diable**	sos(e) diabl(e)	Reduktion: Weißwein, Schalotten, Pfefferkörner. Butterstückchen, Cayennepfeffer.
Trüffelsauce	**sauce Périgueux**	sos(e) perigö	Trüffelfond, Trüffeln, Madeirawein, Butterstückchen.

Saucen zu Wild

Wildrahmsauce	**sauce venaison**	sos(e) vönäsõ
Wildpfeffersauce	**sauce poivrade**	sos(e) poawrad(e)
Wacholdersauce	**sauce au genièvre**	sos(e) o schöniäwr(e)

D. Weiße Grundsauce

Weiße Grundsauce		**sauce velouté**	sos(e) wölutee
Ausgangsmaterial:	helle Brühe	**fond blanc**	fõ blã
Bindung:	weiße Mehlschwitze	**roux blanc**	ru blã

Weiße Grundsauce **sauce velouté**		
mit Kalbsbrühe **fond blanc** fõ blã	mit Geflügelbrühe **fond de volaille** fõ dö wolaj(e)	mit Fischbrühe **fond de poisson** fõ dö poasõ
Weiße Grundsauce **velouté de veau** wölutee dö wo	Geflügel-Grundsauce **velouté de volaille** wölutee dö volaj(e)	Fisch-Grundsauce **velouté de poisson** wölutee dö poasõ
Vollendung mit Champignonfond, Eigelb, Sahne, Butterflocken	*Vollendung* mit Champignonfond, Sahne, Butterflocken	*Vollendung* mit Fischdünstfond **(fumet)** Weißwein, Eigelb, Sahne, Butterflocken
Deutsche Sauce **sauce allemande** sos(e) al(e)mãd(e)	Geflügelrahmsauce **sauce suprême** sos(e) süpräm(e)	Weißweinsauce **sauce au vin blanc** sos(e) o wãe blã

Ableitungen der Deutschen Sauce

weiße Champignonsauce	**sauce aux champignons**	sos(e) o schãpinjõ	Champignonfond, Champignons
Estragonsauce	**sauce à l'estragon**	sos(e) a lestragõ	Estragon, Weißwein
Kräutersauce	**sauce aux fines herbes**	sos(e) o finserb(e)	feine Kräuter, Zitronensaft
weiße Morchelsauce	**sauce aux morilles**	sos(e) o morij(e)	Morchelfond, Morcheln
Senfsauce	**sauce moutarde**	sos(e) mutard(e)	Senf

Ableitungen der Geflügelrahmsauce

Andalusische Sauce	**sauce andalouse**	sos(e) ãdalus(e)	grüne Paprikawürfel, Zitronensaft
Alexandrasauce	**sauce Alexandra**	sos(e) alexãdra	Trüffelfond, Champignons
Geflügelrahmsauce mit Estragon	**sauce Juliette**	sos(e) schüliet(e)	Estragon, Weißwein
weiße Trüffelsauce	**sauce demideuil**	sos(e) dömidöj	Trüffelfond, Trüffelwürfel

Ableitungen der Weißweinsauce

Austernsauce	**sauce aux huitres**	sos(e) osüitr(e)	Austern
Dillsauce	**sauce à l'aneth**	sos(e) alanet	Dill
Diplomatensauce	**sauce diplomate**	sos(e) diplomat(e)	Hummerbutter, Hummerwürfel, Trüffelwürfel
Hummersauce	**sauce homard**	sos(e) omar	Hummerbutter, Schlagsahne
Joinvillesauce	**sauce Joinville**	sos(e) schoãewil(e)	Krebsbutter, Zitronensaft, Cayennepfeffer

Kapernsauce	**sauce aux câpres**	sos(e) o kapr(e)	Kapern
Sardellensauce	**sauce aux anchois**	sos(e) osãschoa	Sardellenfilets

E. Béchamelsauce

Béchamelsauce		**sauce Béchamel**	sos(e) beschamel
Ausgangsmaterial:	Milch	**lait**	lä
Bindung:	helle Mehlschwitze	**roux blanc**	ru blã

Ableitungen der Béchamelsauce

Hummersauce	**sauce homard**	sos(e) omar	Hummerfond, Sahne, Butter
Kardinalsauce	**sauce cardinal**	sos(e) kardinal	Sahne, Hummerbutter
Mornaysauce	**sauce Mornay**	sos(e) mornä	Eigelb, Sahne, Käse
Meerrettichsauce	**sauce au raifort**	sos(e) o räfor	Meerrettich, Sahne, Butter
Rahmsauce	**sauce à la crème**	sos(e) a la kräm(e)	Sahne, Butter
Walewskasauce	**sauce Walewska**	sos(e) walewska	Fischdünstfond, Eigelb, Sahne, Käse, Butterflocken
Weiße Zwiebelsauce	**sauce Soubise**	sos(e) subis(e)	Zwiebelpüree, Sahne

F. Holländische Sauce

Holländische Sauce **sauce hollandaise** sos(e) olãdäs(e)
= warm aufgeschlagene Sauce mit Eigelb und Butter

Ableitungen der Holländischen Sauce

Béarner Sauce	**sauce béarnaise**	sos(e) bearnäs(e)	Reduktion: Weißwein, Estragonessig, Pfefferkörner, Estragon, Kerbel
Choronsauce	**sauce Choron**	sos(e) schorõ	Reduktion: Weißwein, Estragonessig, Pfefferkörner, Tomatenpüree
Dijonsauce	**sauce dijonnaise**	sos(e) dischonäs(e)	Dijonsenf, geschlagene Sahne
Göttliche Sauce	**sauce divine**	sos(e) diwin(e)	Sherry, Trüffelfond, geschlagene Sahne
Kaviarsauce	**sauce au caviar**	sos(e) o kawiar	Kaviar, geschlagene Sahne
Malteser Sauce	**sauce maltaise**	sos(e) maltäs(e)	Saft von Blutorangen, abgeriebene Orangenschale
Schaumsauce	**sauce mousseline**	sos(e) mus(e)lin(e)	Zitronensaft, geschlagene Sahne

G. Majonäse

Majonäse	**mayonnaise**	majonäs(e)

= kalt aufgeschlagene Sauce aus Eigelb und Öl

Ableitungen der Majonäse

Majonäsensauce	**sauce mayonnaise**	sos(e) majonäs(e)	Dijonsenf, Zitronensaft
Andalusische Sauce	**sauce andalouse**	sos(e) ãdalus(e)	Tomatenmus, Streifchen von roter Paprikaschote
Chantillysauce	**sauce Chantilly**	sos(e) schãtiji	Zitronensaft, geschlagene Sahne
Grüne Sauce	**sauce verte**	sos(e) vert(e)	Sauerampfer, Spinatblätter, Kresse, Kerbel, Estragon, Petersilie
Kräutersauce	**sauce ravigote**	sos(e) rawigot(e)	Petersilie, Kerbel, Estragon, Schnittlauch, Dill

Remouladensauce	**sauce rémoulade**	sos(e) remulad(e)	Gewürzgurken, Kapern, Sardellen, Petersilie, Kerbel, Estragon, Senf
Russische Sauce	**sauce moscovite**	sos(e) moskowit(e)	Würfelchen von Hummerfleisch, Kaviar
Tatarensauce	**sauce tartare**	sos(e) tartar(e)	hart gekochte, gehackte Eier, Schnittlauch

H. Spezielle Saucen

ailloli	ajoli	Knoblauchsauce aus Südfrankreich
sauce vinaigrette	sos(e) winägret(e)	Salatsauce aus Essig, Öl, Gewürzen
sauce gribiche	sos(e) gribisch(e)	Majonäse, Kräuter, Cornichons, Kapern, gekochte Eier
sauce chaud-froid	sos(e) schofroa	Gelatinesauce zum Überziehen

I. Buttermischungen

Butter	**le beurre**	bör(e)
frische Butter	**beurre frais**	bör(e) frä
zerlassene Butter	**beurre fondu**	bör(e) fõdü
geklärte Butter	**beurre clarifié**	bör(e) klarifiee

Kalte Buttermischungen

Bercybutter (mit Markwürfelchen und Schalotten)	**beurre Bercy**	bör(e) bersi
Colbertbutter (mit Petersilie und Zitronensaft)	**beurre Colbert**	bör(e) kolbär

Kräuterbutter	**beurre maître d'hôtel**	bör(e) mätr(e) dotel
Krebsbutter	**beurre d'écrevisses**	bör(e) dekröwis(e)
Hummerbutter	**beurre de homard**	bör(e) dö omar
Kaviarbutter	**beurre de caviar**	bör(e) dö kaviar
Krabbenbutter	**beurre de crevettes**	bör(e) dö kröwet(e)
Rotweinbutter	**beurre marchand de vins**	bör(e) marschã dö wãe
Schalottenbutter	**beurre d'échalotes**	bör(e) deschalot(e)
Schneckenbutter = Butter für Weinbergschnecken	**beurre pour escargots**	bör(e) pur eskargo
Sardellenbutter	**beurre d'anchois**	bör(e) dãchoa
Trüffelbutter	**beurre de truffes**	bör(e) dö trüf(e)

Heiße Butter

Gebräunte Butter	**beurre noisette**	bör(e) noaset(e)
Dunkelbraune Butter	**beurre noir**	bör(e) noar
Müllerinbutter	**beurre meunière**	bör(e) möniär(e)
Bröselbutter	**beurre polonaise**	bör(e) polonäs(e)
Senfbutter	**beurre de moutarde**	bör(e) dö mutard(e)

13. Gemüse

les légumes legume(s)

A. Gemüsearten

Wurzelgemüse

Wurzelgemüse	**les légumes racines**	legüm(e) rasin(e)
Karotte / Möhre / Gelbe Rübe	**la carotte**	karot(e)
Pastinake	**le panais**	panä
Rote Rübe	**la betterave**	bet(e)raw(e)
Weiße Rübe	**le navet**	nawä
Schwarzwurzeln	**les salsifis** (m. Pl.)	salsifi
Kartoffeln	**les pommes de terre** (w. Pl.)	pom(e) dö tär(e)
Sellerie (Knolle)	**le céleri-rave**	sel(e)ri raw(e)
Knoblauch	**l'ail** (m.)	aj
Schalotte	**l'échalote** (w.)	eschalot(e)
Zwiebel	**l'oignon** (m.)	oanjõ
Rettich	**le radis**	radi
Radieschen	**les petits radis**	pöti radi
Meerrettich	**le raifort**	räfor

Kohlgemüse

Kohlgemüse	**les choux**	schu
Blumenkohl	**le chou-fleur**	schuflör

Rosenkohl	**le chou de Bruxelles**	schu dö brüxel(e)
Weißkohl	**le chou blanc**	schu blã
Sauerkraut	**la choucroute**	schukrut(e)
Rotkohl	**le chou rouge**	schu rusch(e)
Wirsing	**le chou frisé**	schu frisee
Grünkohl	**le chou vert**	schu wär
Kohlrabi	**le chou-rave**	schu raw(e)
Brokkoli	**le brocoli**	brokoli
Chinakohl	**le chou de Chine**	schu dö schin(e)

Blattgemüse u.a.

Blattgemüse	**les légumes feuilles**	legüm(e) föj(e)
Spinat	**les épinards** (m. Pl.)	epinar
Mangold	**la blette**	blet(e)
Sauerampfer	**l'oseille** (w.)	oseij(e)
Lauch	**le poireau**	poaro
Sellerie (Staude)	**le céléri en branches**	seleri ã brãsch(e)
Fenchel	**le fenouil**	fönuj
Chicorée	**l'endive** (w.)	ãdiw(e)
Artischocke	**l'artichaut** (m.)	artischo
Spargel	**les asperges** (w. Pl.)	aspersch(e)

Salate

Salate	**les salades**	salad(e)
Kopfsalat	**la laitue**	lätu

Endivie	**la chicorée**	schikoree
Chicorée	**l'endive** (w.)	ãdiw(e)
Römischer Salat	**la romaine**	romän(e)
Feldsalat	**la mâche**	masch(e)
Kresse	**le cresson**	krösõ

Fruchtgemüse

Fruchtgemüse	**les légumes fruits**	legüm(e) früi
Grüne Bohnen	**les haricots verts** (m. Pl.)	ariko wär
Junge grüne Bohnenkerne	**les flageolets** (m. Pl.)	flascholä
Dicke Bohnen	**les fèves** (w. Pl.)	fäw(e)
Erbsen	**les pois** (m. Pl.)	poa
Junge Erbsen	**les petits pois** (m. Pl.)	pöti poa
Aubergine	**l'aubergine** (w.)	oberschin(e)
Tomate	**la tomate**	tomat(e)
Gurke	**le concombre**	kõkõbr(e)
Essiggurke	**le cornichon**	kornischõ
Kürbis	**le potiron**	potirõ
Zucchini	**les courgettes** (w. Pl.)	kurschet(e)
Paprika	**le poivron**	poawrõ
	le piment doux	pimã du
Esskastanie	**le marron**	marõ

Hülsenfrüchte

Hülsenfrüchte	**les légumes secs**	legüm(e) sek
Weiße Bohnen	**les haricots blancs** (m. Pl.)	ariko blã

Linsen	**les lentilles** (w. Pl.)	lãtij(e)
Erbsen	**les pois secs** (m. Pl.)	poa sek
Kichererbsen	**les pois chiches** (m. Pl.)	poa schisch(e)

Pilze

Pilze	**les champignons**	schãpinjõ
Champignons	**les champignons de Paris** (m. Pl.)	schãpinjõ dö pari
Pfifferlinge	**les chanterelles** (w. Pl.)	schãtörel(e)
	les girolles (w. Pl.)	schirol(e)
Steinpilze	**les cèpes** (m. Pl.)	säp(e)
Morcheln	**les morilles** (m. Pl.)	morij(e)
Trüffel	**les truffes** (w. Pl.)	trüf(e)

B. Vorbereitung von Gemüse

nettoyer	netoajee	säubern
gratter	gratee	abschaben
éplucher	eplüschee	schälen
laver	lawee	waschen
égoutter	egutee	abtropfen lassen
tourner	turnee	in Form schneiden
émincer	emãesee	klein schneiden
râper	rapee	raspeln
raboter	rabotee	hobeln

couper	kupee	schneiden
couper en julienne	kupee ã schülien(e)	in feine Streifen schneiden

Das geputzte Gemüse in dünne Scheiben schneiden, die Scheiben in 3 – 4 cm lange Streifen.

couper en brunoise	kupee ã brünoas(e)	in kleine Würfel schneiden

Das geputzte Gemüse in Scheiben schneiden, die Scheiben in Streifen, die Streifen in Würfel.

couper en paysanne	kupee ã peisan(e)	in feine Scheiben schneiden

Das geputzte Gemüse in dünne Scheiben, Rauten oder Quadrate schneiden (je nach Gemüseart).

couper en bâtonnets	kupee ã batonä	in dickere Stäbe schneiden
couper en morceaux	kupee ã morso	in Stücke schneiden
couper en tranches	kupee ã trãsch(e)	in Scheiben schneiden
concasser (für Tomaten).	kõkasee	

Die Tomaten abbrühen, enthäuten, entkernen, das Fruchtfleisch in Würfel schneiden.

C. Garmethoden für Gemüse

blanchir	blãschir	blanchieren
rafraîchir	rafräschir	abschrecken
bouillir	buijir	kochen
étuver	etuwee	dämpfen
cuire à la vapeur	küir a la wapör	dämpfen
braiser	bräsee	dünsten / schmoren
frire	frir(e)	frittieren

Siehe auch Kapitel 3 „Garmethoden“.

D. Zubereitungsarten von Gemüse

à l'anglaise	a lãgläs(e)	in Salzwasser gekocht
Beispiel: **pommes de terre à l'anglaise**	pom(e) dö tär(e) a lãgläs(e)	
nature	natür(e)	
Beispiel: **pommes de terre nature**	pom(e) dö tär natür(e)	
à la Béchamel	a la beschamel	mit Béchamelsauce
Beispiel: **chou-raves à la Béchamel**	schu raw(e) a la beschamel	
au beurre	o bör(e)	in Salzwasser gekocht, mit Butter verfeinert
Beispiel: **haricots verts au beurre**	ariko wär o bör(e)	
au beurre noisette	o bör(e) noaset(e)	mit brauner Butter
Beispiel: **laitue au beurre noisette**	lätü o bör(e) noaset(e)	
à la crème	a la kräm(e)	mit Sahne
Beispiel: **petits pois à la crème**	pöti poa a la kräm(e)	
aux fines herbes	o finserb(e)	mit frischen Kräutern
Beispiel: **concombres aux fines herbes**	cõcõbr(e) o finserb(e)	
au jus	o schü	geschmort mit Bratensaft
Beispiel: **salsifis au jus**	salsifi o schü	
à la milanaise	a la milanäs(e)	mit Parmesan
Beispiel: **chou-fleur à la milanaise**	schuflör a la milanäs(e)	
à la moelle	a la moal(e)	geschmort mit Rindermark
Beispiel: **endives à la moelle**	ãdiw(e) a la moal(e)	

Mornay	mornä	mit Käsesauce
Beispiel: **chou-fleur Mornay**	schuflör mornä	
à la sauce hollandaise	a la sos(e) olãdäse(e)	mit holländischer Sauce
Beispiel: **asperges à la sauce hollandaise**	aspersch(e) a la sos(e) olãdäs(e)	
à la polonaise	a la polonäs(e)	mit gerösteten Semmelbröseln und gehacktem Ei
Beispiel: **chou-fleur à la polonaise**	schuflör a la polonäs(e)	
farci,e,s	farsi	gefüllt und gedünstet
Beispiel: **poivrons farcis**	poavrõ farsi	
frit,e,s	fri/frit(e)	ausgebacken
Beispiel: **aubergines frites**	oberschin(e) frit(e)	
glacé,e,s	glasee	mit karamellisiertem Zucker gedünstet
Beispiel: **carottes glacées**	karot(e) glasee	
gratiné,e,s / au gratin	gratinee/o gratãe	als gratiniertes Gericht
Beispiel: **pommes de terre au gratin**	pom dö tär(e) o gratãe	
grillé,e,s	grijee	gegrillt
Beispiel: **tomates grillées**	tomat(e) grijee	
en purée	ã püree	als Püree
Beispiel: **purée de carottes**	püree dö karot(e)	
en soufflé	ã suflee	als Auflauf
Beispiel: **soufflé d'épinards**	suflee depinar	
en salade	ã salad(e)	als Salat
Beispiel: **salade de betteraves**	salad(e) dö bet(e)raw(e)	

14. Kartoffeln

les pommes de terre pom(e) dö tär(e)

la pomme	pom(e)	der Apfel
la pomme de terre	pom(e) dö tär(e)	der Apfel aus der Erde (**la terre** = die Erde)
les pommes (w. Pl.) **de terre**	pom(e) dö tär(e)	die Äpfel aus der Erde, „Erdäpfel", Kartoffeln

Hinweis: Der Zusatz „de terre" wird oft weggelassen!

A. Schnittarten für Kartoffeln

Stäbchen, Streifen	Strohkartoffeln	**pommes paille**	pom(e) paj(e)
	Streichholzkartoffeln	**pommes allumettes**	pom(e) alumet(e)
	Massenetkartoffeln	**pommes Massenet**	pom(e) masenä
	Gebackene Kartoffeln	**pommes frites**	pom(e) frit(e)
	dünner geschnittene:	**pommes mignonettes**	pom(e) minjonet(e)
	dicker geschnittene:	**pommes Pont-Neuf**	pom(e) põnöf
Würfel	Würfelkartoffeln	**pommes carrées**	pom(e) karee
	Parmentierkartoffeln	**pommes Parmentier**	pom(e) parmãtiee
	Bouillonkartoffeln	**pommes au bouillon**	pom(e) o buijõ
	Rahmkartoffeln	**pommes à la crème**	pom(e) a la kräm(e)
Scheiben	Kartoffelchips	**pommes chips** (engl.)	pom(e) tschips
	Waffelkartoffeln	**pommes gaufrettes**	pom(e) gofret(e)
	Annakartoffeln	**pommes Anna**	pom(e) ana
	Bratkartoffeln	**pommes sautées**	pom(e) sotee

	Lyoner Kartoffeln	**pommes à la lyonnaise**	pom(e) a la lionäs(e)
	Bäckerkartoffeln	**pommes à la boulangère**	pom(e) a la bulãschär(e)
tourniert *halbmondförmig*	Schlosskartoffeln	**pommes château**	pom(e) schato
olivenförmig	Olivenkartoffeln	**pommes olives**	pom(e) oliw(e)
haselnussgroß	Nüsschenkartoffeln	**pommes noisettes**	pom(e) noaset(e)
rund	Pariser Kartoffeln	**pommes à la parisienne**	pom(e) a la parisien(e)
pflaumenförmig	Schmelzkartoffeln	**pommes fondantes**	pom(e) fõdãt(e)
halbiert oder länglich	Salzkartoffeln	**pommes nature**	pom(e) natür(e)

B. Zubereitungen aus geschälten, rohen, zugeschnittenen oder tournierten Kartoffeln

im Fettbad gebacken

pommes paille	pom(e) paj(e)	Strohkartoffeln
pommes allumettes	pom(e) alumet(e)	Streichholzkartoffeln
pommes frites	pom(e) frit(e)	geback. Kartoff. „Pommes frites", K.-Stäbchen
pommes mignonettes	pom(e) minjonet(e)	geback. Kartoff. „Pommes frites", dünner geschn.
pommes Pont-Neuf	pom(e) põnöf	geback. Kartoff. „Pommes frites", dicker geschn.
pommes gaufrettes	pom(e) gofret(e)	Waffelkartoffeln
pommes chips (engl.)	pom(e) tschips	Kartoffelchips
pommes copeaux	pom(e) kopo	Spankartoffeln
pommes soufflées	pom(e) suflee	„aufgeblähte" Kartoffeln, Kartoffelkissen

in der Pfanne gebraten

pommes carrées	pom(e) karee	Würfelkartoffeln
pommes château	pom(e) schato	Schlosskartoffeln

pommes noisettes	pom(e) noaset(e)	Nüsschenkartoffeln
pommes olives	pom(e) oliw(e)	Olivenkartoffeln
pommes à la parisienne	pom(e) a la parisien(e)	Pariser Kartoffeln

in Formen im Ofen gebacken

pommes Anna	pom(e) ana	Annakartoffeln (Scheiben)
pommes Massenet	pom(e) masenä	Massenetkartoffeln (Streifen)

mit Flüssigkeit im Ofen gegart

pommes fondantes	pom(e) fõdãt(e)	Schmelzkartoffeln

in Fleischbrühe gegart

pommes au bouillon	pom(e) o buijõ	Bouillonkartoffeln

C. Zubereitungen aus ungeschält gekochten Kartoffeln (Pellkartoffeln)

in einer Sauce

pommes à la crème	pom(e) a la kräm(e)	Rahmkartoffeln

in der Pfanne gebraten

pommes de terre sautées	pom(e) dö tär(e) sotee	Bratkartoffeln
pommes à la lyonnaise	pom(e) a la lionäs(e)	Bratkartoffeln mit Zwiebeln
pommes à la Parmentier	pom(e) a la parmãtiee	Bratkartoffeln mit Petersilie und Schnittlauch
pommes de terre rissolées	pom(e) dö tär(e) risolee	kleine gebratene (neue) Kartoffeln

D. Zubereitungen aus geschält gekochten Kartoffeln

Salzkartoffeln

pommes de terre nature	pom(e) dö tär(e) natür(e)	
pommes de terre à l'anglaise	pom(e) d.t. a lãgläs(e)	Salzkartoffeln
pommes de terre à la vapeur	pom(e) d.t. a la wapör	

passierte Kartoffeln mit Milch

purée de pommes de terre	püree dö pom(e) dö tär(e)	Kartoffelbrei
pommes de terre en purée	pom(e) d.t. ã püree	Kartoffelbrei
pommes mousseline	pom(e) mus(e)lin(e)	Kartoffelbrei mit Sahne

passierte Kartoffeln mit Butter

pommes Macaire	pom(e) makär(e)	Macairekartoffeln (Kartoffelplätzchen)

passierte Kartoffeln mit Eigelb

pommes duchesse	pom(e) düsches(e)	Herzoginkartoffeln
croquettes de pommes de terre		
pommes croquettes	kroket(e) dö pom(e) dö tär(e)	Kartoffelkroketten
pommes croquettes aux amandes	pom(e) kroket(e) osamãd(e)	Mandelkroketten
pommes amandines	pom(e) amãdin(e)	Mandelkroketten
pommes Berny	pom(e) berni	Kroketten mit Trüffeln

passierte Kartoffeln mit Brandteig

pommes dauphine	pom(e) dofin(e)	Dauphinekartoffeln
pommes Lorette	pom(e) loret(e)	Lorettekartoffeln

E. Weitere Kartoffelzubereitungen

pommes de terre en robe des champs	pom(e) d.t. ã rob(e) dee schã	Kartoffeln in der Schale
pommes de terre en salade	pom(e) d.t. ã salad(e)	Kartoffelsalat
gratin dauphinois	gratãe dofinoa	Kartoffelauflauf, Kartoffelgratin

15. Französischer Käse

le fromage fromasch(e)

Frankreich produziert über 100 verschiedene Käsearten in über 300 Sorten!
Die weltweit bekanntesten Käse sind sicher Brie, Camembert sowie Roquefort, einer der ältesten Käse Frankreichs.
Die folgende „Käsekarte" bietet nur eine kleine Auswahl (von Nord nach Süd).

Pont-l'Evêque	(Normandie)	Rotschimmelkäse
Livarot	(Normandie)	Rotschimmelkäse
Camembert	(Normandie)	Weichkäse
Saint Paulin	(überregional)	halb fester Käse
Coulommiers	(Ile de France)	Brie-ähnlicher kleiner Käse
Brie de Meaux	(Ile de France)	Weichkäse
Brie de Melun	(Ile de France)	Weichkäse
Maroilles	(Nord)	Weichkäse
Munster	(Alsace)	Rotschimmelkäse
Géromé	(Lorraine)	Rotschimmelkäse
Chaource	(Champagne)	Weichkäse
Sainte-Maure	(Touraine)	Weichkäse
Chabichou	(Poitou)	Ziegenkäse
Valençay	(Berry)	halb fester Käse

Crottin de Chavignol	(Berry)	Ziegenkäse
Cantal	(Auvergne)	halb fester Käse
Saint-Nectaire	(Auvergne)	halb fester Käse
Bleu d'Auvergne	(Auvergne)	Blauschimmelkäse
Fourme d'Ambert	(Auvergne)	Blauschimmelkäse
Bleu de Bresse	(Bresse)	Blauschimmelkäse
Beaufort	(Savoie)	Hartkäse
Reblochon	(Savoie)	Käse aus Schafsmilch
Tome de Savoie	(Savoie)	halb fester Käse
Comté/Gruyère	(Franche-Comté)	Hartkäse
Roquefort	(Midi)	Blauschimmelkäse
Fromage des Pyrénées	(Pyrenées)	halb fester Käse
Saint Marcellin	(Dauphiné)	Weichkäse
Banon	(Provence)	Ziegen- oder Schafskäse in Kastanienblättern
fromage de chèvre	fromasch(e) dö schäwr(e)	Ziegenkäse in vielen Formen
fromage frais	fromasch(e) frä	Frischkäse
fromage blanc	fromasch(e) blã	Quark
fromage fondu	fromasch(e) fõdü	Schmelzkäse

Käsegerichte auf der Speisekarte

Fondue au fromage	fõdü o fromasch(e)	Käsefondue
Soufflé au fromage	suflee o fromasch(e)	Käseauflauf
Raclette	raklet(e)	Raclette
Plateau de fromages assortis	plato dö fromasch(e) asorti	Käseplatte

So wird französischer Käse richtig geschnitten:

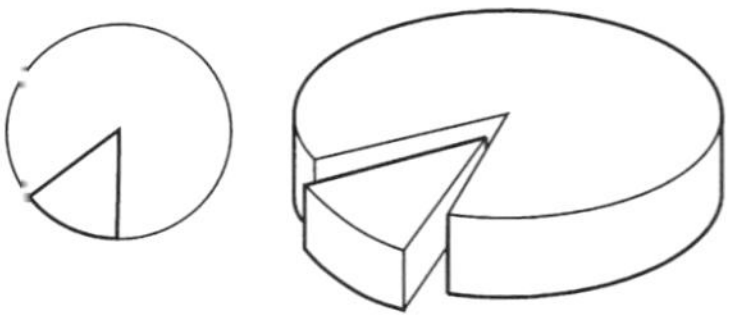

1) runde Weichkäse
(Camembert, Brie)

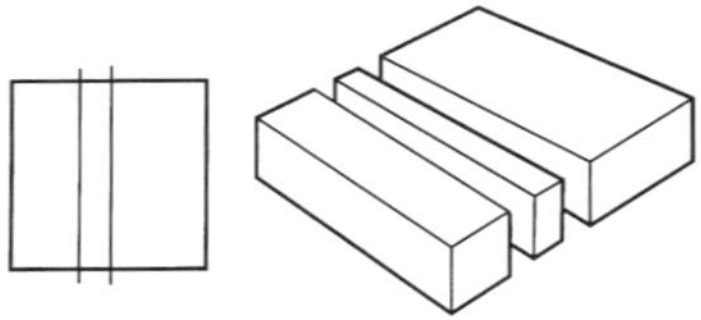

2) eckige Weichkäse
(Pont l'Evêque)

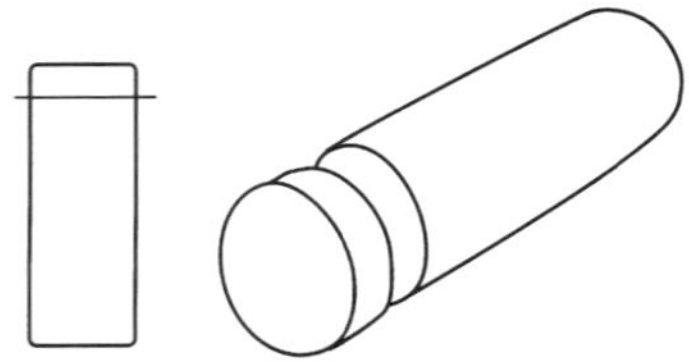

3) hohe, zylindrische Käse
(Fourme d'Ambert)

4) kleine runde Käse
(Crottin de Chavignol)

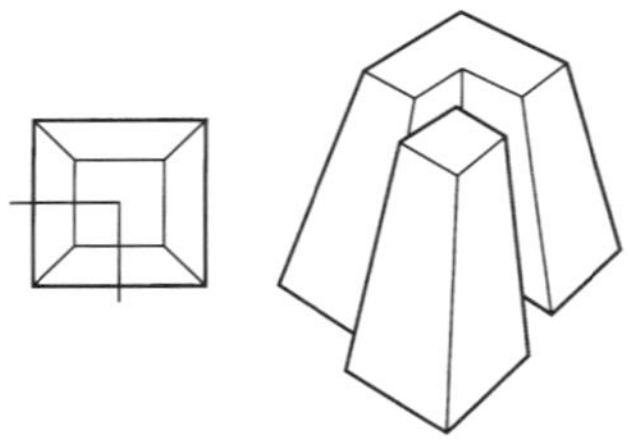

5) pyramidenförmige Käse
(Valençay)

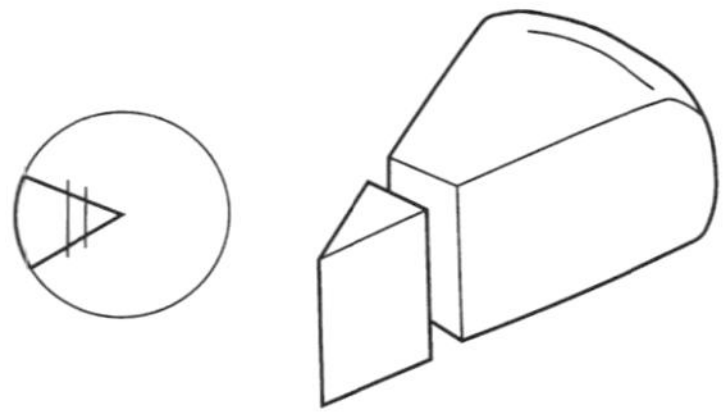

6) Käseräder
(Comté)

16. Süßspeisen/Desserts

les entremets sucrés, les desserts	ãtrömä sükree/desär	
warme Süßspeisen	**les entremets sucrés chauds**	ãtrömä sükree scho
kalte Süßspeisen	**les entremets sucrés froids**	ãtrömä sükree froa
Eisspeisen	**les glaces**	glas(e)
„Patisserie“ (Kuchen, Torten, Törtchen)	**la pâtisserie**	patis(e)ri

A. Warme Süßspeisen

warme Süßspeisen	**les entremets sucrés chauds**	ãtrömä sukree scho
Auflauf	**le soufflé**	suflee
Krapfen	**les beignets** (m. Pl.)	bänjä
Kroketten	**les croquettes** (w. Pl.)	kroket(e)
Omelett	**l'omelette** (w.)	om(e)let(e)
dicker Pfannkuchen	**le pannequet**	pan(e)kä
dünne Pfannkuchen	**les crêpes** (w. Pl.)	kräp(e)
Pastete	**la timbale**	tãebal(e)
Pudding	**le pudding / le pouding**	puding
Waffeln	**les gaufres** (w. Pl.)	gofr(e)

B. Kalte Süßspeisen

kalte Süßspeisen	**les entremets sucrés froids**	ãtrömä sükree froa
Bayerische Creme	**la crème bavaroise**	kräm(e) bawaroas(e)
gestürzte Creme	**la crème renversée**	kräm(e) rãwersee
pochierte Creme	**la crème pochée**	kräm(e) poschee
Gelee	**la gelée**	schölee
Schaumcreme	**la mousse**	mus(e)
Weinschaumcreme	**le sabayon**	sabajõ

C. Eisspeisen

Eisspeisen	**les glaces**	glas(e)
Eis	**la glace**	glas(e)
Eisparfait (eine Sorte Halbgefrorenes in hoher Form)	**le parfait**	parfä
Eisbiskuit (in Ziegelform)	**le biscuit glacé**	bisküi glasee
Eisbombe (verschiedene Schichten in einem „Mantel", Bombenform)	**la bombe glacée**	bõb(e) glasee
Eisauflauf (in der Souffléform)	**le soufflé glacé**	suflee glasee
Eistorte	**le gâteau glacé**	gato glasee

Sorbet (Fruchteis ohne Zusatz von Fett)	**le sorbet**	sorbä
Sorbet aus Früchten	**le sorbet aux fruits**	sorbä o früi
Sorbet aus Wein	**le sorbet au vin**	sorbä o wãe
Sorbet aus Champagner	**le sorbet au champagne**	sorbä o schãpanj(e)
Eisbecher (unter verschiedenen Namen)	**la coupe ...**	kup(e) ....

D. Dessertsaucen

Dessertsaucen	**les sauces**	sos(e)
Vanillesauce	**la sauce à la vanille**	sos(e) a la wanij(e)
Schokoladensauce	**la sauce au chocolat**	sos(e) o schokola
Orangensauce	**la sauce à l'orange**	sos(e) alorãsch(e)
Schaumsauce (mit geschlagener Sahne)	**la sauce mousseline**	sos(e) mus(e)lin(e)
Weinschaumsauce	**la sauce sabayon**	sos(e) sabajõ
Fruchtmark	**le coulis**	kuli
Erdbeermark	**le coulis de fraises**	kuli dö fräs(e)

E. Patisserie

Patisserie (Kuchen, Torten, Kleingebäck)	**la pâtisserie**	patis(e)ri

Teige und Massen

Teige und Massen	**les pâtes**	pat(e)
Teig zum Ausbacken	**la pâte à frire**	pat(e) a frir(e)
Biskuitteig	**la pâte à biscuit**	pat(e) a bisküi
Blätterteig	**la pâte feuilletée**	pat(e) föj(e)tee
Brandteig	**la pâte à choux**	pat(e) a schu
Hefeteig	**la pâte à la levure**	pat(e) a la löwür(e)
	la pâte levée	pat(e) löwee
Mürbeteig	**la pâte brisée**	pat(e) brisee
Marzipanmasse	**la pâte d'amandes**	pat(e) damãd(e)
Baisermasse	**la pâte à méringue**	pat(e) a merãeg(e)

Cremes

Cremes	**les crèmes**	kräm(e)
Füllcreme	**la crème pâtissière**	kräm(e) patisiär(e)
Buttercreme	**la crème au beurre**	kräm(e) o bör(e)
Vanillecreme (Englische Creme)	**la crème anglaise**	kräm(e) ãgläs(e)
Schlagsahne	**la crème fouettée**	kräm(e) fuetee
Schlagsahne (vanilliert)	**la crème Chantilly**	kräm(e) schãtiji
Glasur	**la glace**	glas(e)
Eiweißglasur	**la glace royale**	glas(e) rojal(e)
Wasserglasur	**la glace à l'eau**	glas(e) a lo

Schmelzglasur	**le fondant**	fõdã
Schokoladenglasur	**la couverture**	kuwertür(e)
Nugatmasse	**le nougat**	nuga
Krokant	**le pralin**	pralãe
gesponnener Zucker	**le sucre filé**	sükr(e) filee
Karamell	**le caramel**	karamel
Sirup	**le sirop**	siro

F. Französische Fachausdrücke

abaisser	abäsee	Teig auf eine gewisse Dicke ausrollen
chemiser	schömisee	eine Kuchenform mit Teig auslegen
fourrer	furee	füllen (Torten)
abricoter	abrikotee	mit Aprikosenkonfitüre überziehen
glacer	glasee	glasieren
le gâteau	gato	Torte, Kuchen
la tarte	tart(e)	Obstkuchen
les tartelettes (w. Pl.)	tart(e)let(e)	kleine gefüllte Mürbeteigtörtchen
les petits fours (m. Pl.)	pöti fur	kleine Törtchen verschiedener Art und Form

Warme Süßspeisen

Beignets de pommes	bänjä dö pom(e)	Apfelkrapfen
Crêpes Georgette	kräp(e) schorschet(e)	Crêpes mit Ananasscheibchen
Crêpes Suzette	kräp(e) süset(e)	Crêpes, mit Grand Marnier flambiert
Diplomate chaud	diplomat(e) scho	Kabinettpudding
Gaufres bruxelloises	gofr(e) brüxeloas(e)	Brüsseler Waffeln
Omelette à la confiture	om(e)let(e) a la kõfitür(e)	Omelett mit Marmelade
Omelette norvegienne	om(e)let(e) norweschien(e)	Auflaufomelett
Omelette en surprise	om(e)let(e) ã sürpris(e)	Überraschungsomelette
Soufflé à la vanille	suflee a la wanij(e)	Vanillesoufflé
Soufflé au Grand Marnier	suflee o grã marniee	Soufflé mit Grand Marnier
Cerises flambées	seris(e) flãbee	flambierte Kirschen
Pêches flambées	päch(e) flãbee	flambierte Pfirsiche

Kalte Süßspeisen

Charlotte russe	scharlot(e) rüs(e)	Charlotte
Crème (bavaroise) à la vanille	kräm(e) bawaroas(e) a la wanij(e)	Bayerische Creme, Vanillecreme
Crème (bavaroise) au café	kräm(e) bawaroas(e) o kafee	Kaffeecreme
Crème (bavaroise) à l'orange	kräm(e) bawaroas(e) a lorãsch(e)	Orangencreme
Crème au caramel	kräm(e) o karamel	Karamellcreme
Mousse au chocolat	mus(e) o schokola	Schokoladenschaum

Ananas au kirsch	ananas o kirsch	Ananas mit Kirschwasser
Fraises Romanoff	fräs(e) romanof	Erdbeeren, mazeriert in Orangensaft und Curaçao
Melon en surprise	mölõ ã sürpris(e)	Melone, mit Obstsalat gefüllt
Compote de poires	kõpot(e) dö poar(e)	Birnenkompott
Macedoine de fruits	masedoan(e) dö früi	gemischtes Kompott
Salade de fruits	salad(e) dö früi	Obstsalat
Blanc manger	blã man<u>sch</u>ee	Mandelsulz
Gelée de vin aux fruits	<u>sch</u>ölee dö wãe o früi	Weingelee mit Früchten
Œufs à la neige	ös a la nä<u>sch</u>(e)	Schnee-Eier
Pudding au riz	puding o ri	Reispudding
Riz à l'impératrice	ri a lãperatris(e)	Reis Trauttmannsdorff

Eisspezialitäten

Glace au café	glas(e) o kafee	Kaffee-Eis
Glace au chocolat	glas(e). o schokola	Schokoladeneis
Glace à la vanille	glas(e) a la wanij(e)	Vanille-Eis
Glace aux noisettes	glas(e) o noaset(e)	Nusseis
Glace aux pistaches	glas(e) o pistasch(e)	Pistazieneis
Glace aux fraises	glas(e) o fräs(e)	Erdbeereis
Glace aux framboises	glas(e) o frãboas(e)	Himbeereis
Glace panachée	glas(e) panaschee	gemischtes Eis
Orange en surprise	orã<u>sch</u>(e) ã sürpris(e)	Orange, mit Orangeneis gefüllt
Citron givré	sitrõ <u>sch</u>iwree	Zitrone, mit Zitroneneis gefüllt

Glace Plombières	glas(e) plõbiär(e)	Eis mit kandierten Früchten
Café liégeois	kafee liee<u>sch</u>oa	Eiskaffee
Parfait glacé à la Bénédictine	parfä glasee a la benediktin(e)	Eisparfait mit Benedictine (Likör)
Profiteroles glacées	profit(e)rol(e) glasee	Windbeutel, mit Eis gefüllt
Meringue glacée	merãg(e) glasee	Eisbaiser
Pêche Melba	päsch(e) melba	Pfirsich Melba
Poire Belle-Hélène	poar(e) bel(e) elän(e)	Birne Helene
cigarettes russes	sigaret(e) rüs(e)	Waffelröllchen (zum Eis)
macarons	makarõ	Makronen (zum Eis)

<u>Pâtisserie</u>

Baba au rhum	baba o rom	kleiner, mit Rum getränkter Hefekuchen
Savarin aux fruits	savarãe o früi	mit Rum getränkter Hefeteigring, mit Früchten gefüllt
Choux à la crème	schu a la kräm(e)	kleine Windbeutel mit Sahne
Profiteroles	profit(e)rol(e)	größere Windbeutel
Gâteau St. Honoré	gato sãetonoree	St.-Honoré-Torte (aus Windbeuteln)
Gâteau Pithiviers	gato pitiwiee	Blätterteigtorte mit Mandelcreme
Moka	moka	Mokkacremetorte
Mille feuille	mil(e) föj(e)	Blätterteigkuchen
Vacherin Chantilly	wasch(e)rãe schãtiji	Torte aus Baisermasse mit Schlagsahne
Tarte aux cerises	tart(e) o seris(e)	Kirschkuchen

Tarte aux fruits meringuée	tart(e) o früi merãegee	Obstkuchen mit Baiserhaube
Tartelettes aux pêches	tart(e)let(e) o päsch(e)	Pfirsichtörtchen
Confiserie	kõfis(e)ri	Pralinen, Konfekt

17. Früchte

les fruits früi

Kernobst

Kernobst	**fruits à pépins**	früi a pepãe
Apfel	**la pomme**	pom(e)
Birne	**la poire**	poar(e)
Quitte	**le coing**	koãe
Melone	**le melon**	mölõ

Steinobst

Steinobst	**fruits à noyau**	früi a noajo
Aprikose	**l'abricot** (m.)	abriko
Kirsche	**la cerise**	seris(e)
Pfirsich	**la pêche**	päsch(e)
Pflaume	**la prune**	prün(e)
Mirabelle	**la mirabelle**	mirabel(e)

Beerenobst

Beerenobst	**baies** (w. Pl.)	bä
Brombeere	**la mûre**	mür(e)
Erdbeere	**la fraise**	fräs(e)
Heidelbeere	**la myrtille**	mirtij(e)
Himbeere	**la framboise**	frãboase
Johannisbeere	**la groseille**	groseij(e)
schwarze Johannisbeere	**le cassis**	kasis
Preiselbeere	**l'airelle rouge** (w.)	ärel(e) rusch(e)
Stachelbeere	**la groseille à maquereau**	groseij(e) a mak(e)ro
Weintrauben	**les raisins** (m. Pl.)	räsãe

Nüsse

Nüsse	**noix**	noa
Haselnuss	**la noisette**	noaset(e)
Mandel	**l'amande** (w.)	amãd(e)
Marone	**le marron**	marõ
Pinienkerne	**les pignons** (m. Pl.)	pinjõ
Pistanzien	**les pistaches** (w. Pl.)	pistasch(e)
Walnuss	**la noix**	noa
Kokosnuss	**la noix de coco**	noa dö koko

Südfrüchte

Südfrüchte	**fruits tropicaux**	früi tropiko
Ananas	**l'ananas** (m.)	ananas
Apfelsine	**l'orange** (w.)	orãsch(e)
Banane	**la banane**	banan(e)
Dattel	**la datte**	dat(e)
Feige	**la figue**	fig(e)
Granatapfel	**la grenade**	grönad(e)
Grapefruit	**la pamplemousse**	pãpl(e)mus(e)
Kiwi	**le kiwi**	kiwi
Limone	**la lime**	lim(e)
Mango	**la mangue**	mãg(e)
Mandarine	**la mandarine**	mãdarin(e)
Papaya	**la papaye**	papaj(e)
Passionsfrucht	**le fruit de la passion**	früi dö la pasiõ
Zitrone	**le citron**	sitrõ

Trockenobst

Trockenobst	**les fruits secs**	früi sek
Rosinen	**les raisins secs** (m. Pl.)	räsãe sek
Trockenpflaumen	**les pruneaux** (m. Pl.)	prüno

18. Garnituren und Zubereitungsarten

les garnitures garnitür(e)

Die klassische Küche bezeichnet viele Fisch-, Geflügel-, Fleisch- und Wildgerichte mit bestimmten Namen, die sich auf die Zubereitungsart, die Beilagen und die Dekoration der Gerichte beziehen.
Die Zubereitungsart kann nach einem berühmten Koch benannt sein, das Gericht kann einem berühmten Mann oder einer berühmten Frau „gewidmet" sein, es kann nach dem Land, der Region oder der Stadt benannt sein, weil die spezielle Zubereitungsart und die verwendeten Produkte dort typisch sind.
In der modernen Küche werden heute oft nur die Bestandteile des Gerichtes auf der Speisekarte angegeben.

A. Wichtige Standardgarnituren und bekannte Zubereitungsarten

deutsche Bezeichnung französische Bezeichnung Aussprache	für	Bestandteile der Garnituren (die wichtigsten sind unterstrichen)
Elsässische Art **à l'alsacienne** a lalsasien(e)	Lendenschnitten	<u>Tartelettes mit Sauerkraut</u>, Schinkenscheiben
Amerikanische Art **à l'américaine** a lamerikän(e)	a) Geflügel b) Fisch	a) <u>Gebratene Speckscheiben, Grilltomaten</u> b) Hummerschwänze, amerikanische Sauce

Admiralsart **à l'amiral** a lamiral	Fisch	Austern, Muscheln, Krebsschwänze, Trüffel, Sauce mit Krebsbutter
Andaluser Art **à l'andalouse** a lãdalus(e)	Fleisch/Geflügel	Paprikaschoten, Chipolata, Tomaten, Auberginen
Argenteuil **Argenteuil** arschãtöj	Fisch/Geflügel	Spargel, holländische Sauce
Arleser Art **à l'arlésienne** a larlesien(e)	Tournedos	Auberginen, Tomatenwürfel, Zwiebelringe
Bordeauxer Art **à la bordelaise** a la bordeläs(e)	Rind	Sauce bordelaise, blanchiertes Ochsenmark
Bäckerinart **à la boulangère** a la bulãschär(e)	Lamm, Hammel	rohe Kartoffelscheiben und Zwiebelscheiben, zusammen mit dem Braten zubereitet
Blumenmädchenart **à la bouquetière** a la buketiär(e)	Fleischplatten	mit Frischgemüsen umlegt

Bürgerliche Art **à la bourgeoise** a la burschoas(e)	große Fleischstücke	Fleisch mit Perlzwiebeln, Karotten, Speckwürfeln fertig geschmort
Burgunder Art **à la bourguignonne** a la burginjon(e)	Rindfleisch	Rotweinsauce, Speckwürfel, Champignons, Zwiebelchen
Bretoner Art **à la bretonne** a la bröton(e)	Hammelfleisch	Weiße Bohnen oder Flageolets, Sauce bretonne
Brüsseler Art **à la bruxelloise** a la brüxeloas(e)	Schlachtfleisch	Gedämpfter Chicorée, Rosenkohl und Schlosskartoffeln, Madeirasauce
Kardinalsart **à la cardinal** a la kardinal	Fisch	Hummerscheiben, rötliche Béchamelsauce mit Hummerbutter
Chambord **Chambord** schãbor	Fisch, große Stücke, gedämpft	Klößchen (Fischfarce), Champignons, Trüffel, Krebse, Croûtons
Chipolata **chipolata** tschipolata	Fleisch, Geflügel	Chipolatawürstchen, glasierte Perlzwiebeln, Maronen und Speckwürfel

Choisy **Choisy** schoasi	Tournedos	Gedämpfter Kopfsalat, Schlosskartoffeln
Choron **Choron** schorõ	Tournedos	Kleine Artischockenböden, mit feinen Erbsen oder Spargelspitzen, Noisettekartoffeln, Choron-Sauce
Clamart **Clamart** klamar	Fleischstücke, sautiert	Tartelettes mit Erbsen, Macaire-Kartoffeln
Colbert **Colbert** kolbär	Fisch	Mie de pain, Colbert-Butter oder Colbert-Sauce
Conti **Conti** konti	Fleischstücke, geschmort	Linsenpüree, Speck
Demidow **Demidof** demidof	Geflügel, Wildgeflügel	Wurzelgemüse, Trüffel
Diepper Art **à la dieppoise** a la diepoas(e)	Fisch	Krabben, Muscheln, Weißweinsauce

Doria **Doria** doria	Fisch, gebraten	Tournierte Salatgurken, glasiert; Butter, Zitrone, Petersilie
Dubarry **Dubarry** dübari	Fleisch	Blumenkohl, Mornay-Sauce
Dugléré **Dugléré** düglereе	Fisch pochiert	Weißweinsauce, Tomates concassées
Pächterinart **à la fermière** a la fermiär(e)	Geflügel	Karotten, weiße Rüben, Knollensellerie, Zwiebeln (Wurzelgemüse)
Finanzmannsart **à la financière** a la finãsiär(e)	Fleisch, Geflügel	Champignons, Klößchen, Trüffel, Hahnenkämme
Flämische Art **à la flamande** a la flamãd(e)	Rind, gekocht	Krautköpfchen, Speck, Karotten, weiße Rübchen, Lauch, Brühwurst
Florentiner Art **à la florentine** a la florãtin(e)	a) Fisch b) Fleischstücke	a) Gedämpfte Spinatblätter, Mornay-Sauce b) Spinat, Spinattimbale und Grießkroketten

Försterinart **à la forestière** a la forestiär(e)	Fleisch	Morcheln, Kartoffelwürfel, Speck
Italienische Art **à l'italienne** a litalien(e)	Fleischplatten, Geflügel	Italienisch zubereitete Artischockenviertel, Makkaronikroketten
Gärtnerinart **à la jardinière** a la schardiniär(e)	Schlacht-fleischstücke	Karotten, weiße Rüben, Erbsen, Flageolets, Bohnen, Blumenkohl, Sauce Hollandaise
Joinviller Art **Joinville** schoãewil(e)	Fische	Salpicon von Trüffeln, Krevettenschwänzchen, Champignon-köpfchen
Gemüsegärtnerart **à la maraîchère** a la maräschär(e)	Fleisch, geschmort	Schwarzwurzeln, Rosenkohl, Kartoffeln
Masséna **Masséna** masena	Tournedos	Artischockenböden mit Sauce Béarnaise, Ochsenmarkscheiben
Müllerinart **à la meunière** a la möniär(e)	Fisch, gebraten	Butter, Petersilie, Zitronenscheiben

Mailänder Art **à la milanaise** a la milanäs(e)	Fleisch/Kalb	Julienne von Pökelzunge, Schinken, Champignons, Käse, Tomatensauce
Mirabeau **Mirabeau** mirabo	gegrilltes Fleisch	Sardellenfilets, Oliven
Nantua **Nantua** nãtüa	Fisch	Krebsschwänze, Trüffelscheiben
Nizzaer Art **à la niçoise** a la nisoas(e)	Fisch, Fleisch, Geflügel	Tomaten, Knoblauch, Oliven
Normannische Art **à la normande** a la normãd(e)	Fisch	Sauce mit Austern, Muscheln, Krabben, Krebsen, Champignons, Trüffel
Orientalische Art **à l'orientale** a loriental(e)	Geflügel	Timbales von Reis, Kroketten von süßen Bataten, Tomatensauce
Bauernart **à la paysanne** a la peisan(e)	Fleisch	Karotten, weiße Rüben, Knollensellerie, Zwiebeln, Kartoffeln, (Wurzelgemüse), Brustspeckscheiben

Portugiesische Art **à la portugaise** a la portügäs(e)	Fleisch, Geflügel	mit Duxelles gefüllte Tomaten, Schlosskartoffeln
Prinzessinnenart **à la princesse** a la prãeses(e)	Geflügel	Spargelspitzen in Rahmsauce, Trüffel
Frühlingsart **à la printanière** a la prãetaniär(e)	Fleischstücke	Karotten, weiße Rüben, neue Zwiebeln, Erbsen und Spargelspitzen (junge Gemüse)
Provenzalische Art **à la provençale** a la prowãsal(e)	Fleischstücke	Tomaten, Champignons mit Duxelles, Sauce à la provençale
Rossini **Rossini** rosini	Tournedos	Gänseleberscheiben, Trüffelscheiben, Brot-Croûtons, Madeirasauce
St. Germain **Saint Germain** sãe schermãe	Fleisch	Grünes Erbsenpüree, Schmelzkartoffeln, Karotten, Sauce Béarnaise
Straßburger Art **à la strasbourgeoise** a la strasburschoas(e)	Gänse, Truthahn	Sauerkraut, Brustspeck, Gänseleberscheiben

Talleyrand **Talleyrand** tallerã	Geflügel, Fleisch	Makkaroni, Käse, Trüffeln, Gänseleber, Sauce Périgueux
Toulouser Art **à la toulousaine** a la tulusän(e)	Geflügel, Pastetchen	Geflügelklößchen, Hahnenkämme, Champignons
Tiroler Art **à la tyrolienne** a la tirolien(e)	Schlachtfleisch, gegrillt	Gebackene Zwiebelringe, Tomatenwürfelchen, Sauce Tyrolienne
mit grüner Beilage **vert-pré** wär pree	a) Grilladen b) Weißes Fleisch	a) Gartenkresse, Strohkartoffeln, Beurre maître d'hôtel b) Erbsen, Bohnen, Spargelspitzen
Wiener Art **à la viennoise** a la wienoas(e)	Kalbsschnitzel	paniert, Zitronenscheiben
Walewska **Walewska** walewska	Fisch	Langustenscheiben, Trüffel, Mornay-Sauce
Zigeunerart **à la zingara** a la sãegara	Geflügel, Kalbfleisch	Julienne von Pökelzunge, Schinken, Champignons, Trüffel, Madeirasauce

B. Zubereitungsarten

Zubereitungsarten werden bezeichnet mit dem Zusatz **à la**. Das bedeutet:

à la mode de l'anglaise
à l'anglaise = auf englische Art
a lãgläs(e)

à la manière bourguignonne
à la bourguignonne = auf Burgunder Art
a la burginjon(e)

à la manière de la bonne femme
à la bonne femme = nach Hausfrauenart
a la bon(e) fam(e)

à la façon de Dugléré
(à la) Dugléré = (nach) Dugléré
dugleree

Zubereitungsarten werden benannt:

1. nach berühmten Köchen

z.B. **Choron**
Dugléré
Foyot
Mornay

2. nach bekannten Persönlichkeiten

z.B. **Colbert, Conti, Demidof, (Madame) Dubarry, Mirabeau, Rossini, Talleyrand**

3. nach Städten, Regionen, Ländern,
die bekannt sind für ihre Produkte und typischen Zubereitungsarten von Gerichten

z. B.

Argenteuil	arschãtöj	Argenteuil, Stadt in Frankreich, bekannt für Spargel
à la bordelaise	a la bordeläs(e)	Bordeaux, bekannt für Rotwein
à la strasbourgeoise	a la strasburschoase	Straßburg, bekannt für Gänseleber
à l'alsacienne	a lalsasien(e)	Elsass, bekannt für Sauerkraut und Charcuterie
à la normande	a la normãde(e)	Normandie, bekannt für Meeresfrüchte
à la périgourdine	a la perigurdin(e)	Périgord, bekannt für Trüffel
à la provençale	a la prowãsal(e)	Provence, bekannt für Gerichte mit Tomaten und Knoblauch

4. nach Berufsbezeichnungen u.ä.

z. B.

à l'amiral	a lamiral	nach Admiralsart
à la bonne femme	a la bon(e) fam(e)	nach Hausfrauenart
à la bouquetière	a la buketiär(e)	nach Blumenmädchenart
à la cardinal	a la kardinal	nach Kardinalsart
à la chasseur	a la schasör	nach Jägerart
à la financière	a la finãsiär(e)	nach Finanzmannsart
à la forestière	a la forestiär(e)	nach Försterinart
à la jardinière	a la schardiniär(e)	nach Gärtnerinart
(à la) maison	(a la) mäsõ	nach Art des Hauses

à la maître d'hôtel	a la mätr(e) dotel	nach Haushofmeisterart
à la marinière	a la mariniär(e)	auf Matrosenart
à la meunière	a la möniär(e)	nach Müllerinart
à la paysanne	a la peisan(e)	auf Bauernart
à la princesse	a la prãeses(e)	nach Prinzessinnenart
à la reine	a la rän(e)	nach Königinart

5. nach der Sauce

à la sauce poulette / à la poulette	a la sos(e) pulet(e) / a la pulet(e)	mit einer Sauce aus Butter, Eigelb, Champignons, Zitronensaft
à la vinaigrette	a la winägret(e)	in einer Essig-Öl-Marinade
Bercy	bersi	mit Bercybutter
Choron	schorõ	mit Choronsauce
Mornay	mornä	mit Mornay-Sauce
Soubise	subis(e)	mit Zwiebelsauce

6. nach dem Koch- oder Serviergeschirr

en casserole	ã kas(e)rol(e)	im Schmortopf
en cocotte	ã kokot(e)	" "
en coquille	ã kokij(e)	im Muschelförmchen
en papillote	ã papijot(e)	im Pergamentpapier (heute auch: in der Folie)
à la broche	a la brosch(e)	am Spieß

7. nach einer speziellen Zubereitungsmethode

à l'aigre	a lägr(e)	sauer (zubereitet)
au bleu	o blö	blau (Fische)
en croûte	ã krut(e)	im Teigmantel
en daube	ã dob(e)	als geschmortes Gericht
à l'écarlate	a lekarlat(e)	gepökelt (z. B. Zunge)
au four	o fur	im Ofen gegart
au gratin	o gratãe	überbacken
en matelote	ã mat(e)lot(e)	als (Flussfisch-)Ragout
au naturel	o natürel	in Salzwasser gekocht
nature	natür(e)	einfach, ohne weitere Zutaten zubereitet

8. nach der Art der Präsentation

en belle vue	ã bel(e) wü	mit Gelee überzogen und reich dekoriert
sur canapé	sür kanapee	auf Croûtonsockel
en gelée	ã schölee	in Gelee
à la printanière	a la prãetaniär(e)	mit Frühlingsgemüse
vert pré	wär pree	mit grüner Garnitur

9. nach dem Material / den Zutaten

à la crème	a la kräm(e)	mit Sahne
au vin blanc	o wãe blã	mit Weißwein
aux champignons	o schãpinjõ	mit Pilzen
aux morilles	o morij(e)	mit Morcheln

10. <u>danach, wie etwas (zubereitet) ist</u>

			zum Beispiel:
bouilli	buiji	gekocht	**bœuf bouilli**
braisé	bräsee	geschmort	**gigot de mouton braisé**
clair	klär	klar	**potage de tortue clair**
cru	krü	roh	**jambon cru**
farci	farsi	gefüllt	**dinde farcie aux marrons**
froid	froa	kalt	**poulet froid**
fumé	fümee	geräuchert	**saumon fumé**
grillé	grijee	gegrillt	**poulet grillé**
mariné	marinee	mariniert	**harengs marinés**
pané	panee	paniert	**escalope panée**
rôti	roti	gebraten	**canard rôti**
sauté	sotee	kurzgebraten	**rognons de veau sautés**
truffé	trüfee	getrüffelt	**foie gras truffé**

19. Französische Weine

les vins français (m. Pl.) vãe frãsä

A. Französische Weinbaugebiete

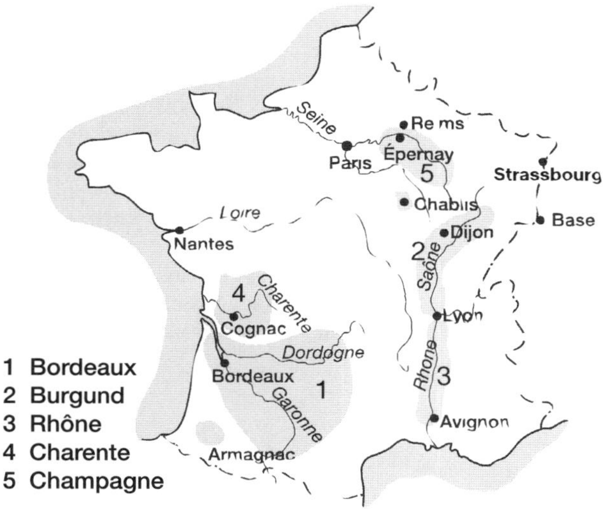

Frankreich ist eines der bedeutendsten Weinerzeuger-Länder der Welt.
Die drei bekanntesten Weinbaugebiete Frankreichs liegen um Bordeaux **(le Bordelais)**, in Burgund **(la Bourgogne)** und an der Rhône **(les Côtes du Rhône).**

Weitere Weinbaugebiete liegen im Elsass **(l'Alsace),** rund um Cognac **(la Charente)** sowie rund um Reims und Epernay **(la Champagne).**
Die beiden letzten sind besonders wegen ihrer Erzeugnisse *aus* Wein bekannt (Cognac, Champagner).

1. Die Bordeaux-Weine

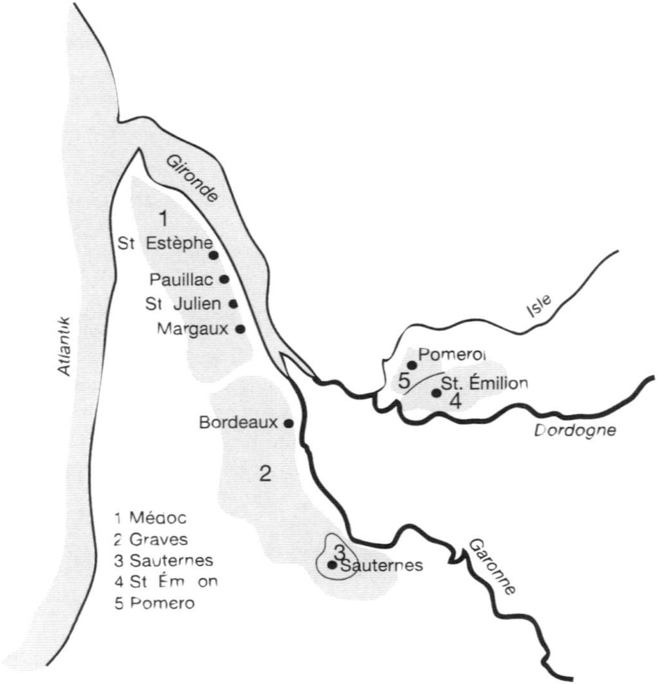

Regionen	Art der Weine
Médoc	edle rote Bordeaux-Weine
Graves	edle Weißweine, Rotweine
Sauternes	weiße Spitzenweine
St. Émilion	kräftige Rotweine
Pomerol	kräftige Rotweine

Die Spitzenweine aus Bordeaux haben eine sogenannte Château-Bezeichnung (**château** = Weingut).

Bekannteste Beispiele:

Region **Médoc**	**– Château Margaux**
	– Château Lafite
	– Château Latour
	– Château Mouton-Rothschild
Region **Graves**	**– Château Haut-Brion**
Region **Sauternes**	**– Château Yquem**
Region **St. Émilion**	**– Château Cheval Blanc**
Region **Pomerol**	**– Château Pétrus**

Aussprache:

Médoc	medok
Graves	graw(e)
Sauternes	sotern(e)
St. Émilion	sãetemiliõ
Pomerol	pom(e)rol

Château Margaux	schato margo
Château Lafite	schato lafite
Château Latour	schato latur
Château Mouton-Rothschild	schato mutõ rotschild
Château Haut-Brion	schato obriõ
Château Yquem	schato ikem
Château Cheval Blanc	schato schöwal blã
Château Pétrus	schato petrüs

2. Die Weine der Bourgogne (Burgund)

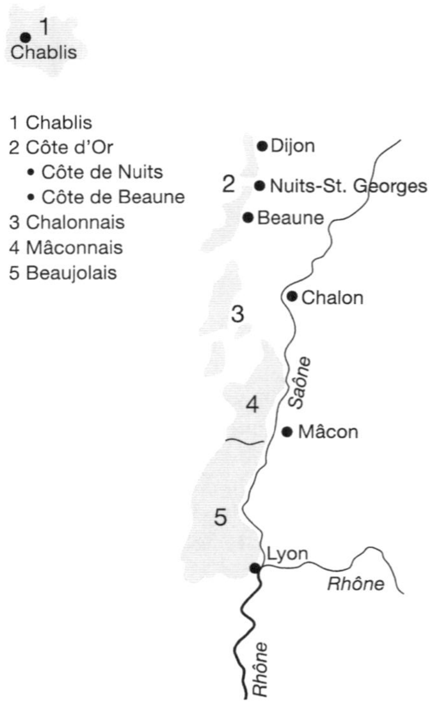

Regionen	Gemeinden	Art der Weine
Chablis	**Chablis**	trockene Weißweine
Côte d'Or	**Gevrey-Chambertin**	
Côte de Nuits	**Chambolle**	kräftige Rotweine
	Vougeot	aromatische Weißweine
	Vosne	
	Nuits-Saint Georges	
Côte de Beaune	**Aloxe**	
	Pommard	
	Volnay	
	Meursault	
Chalonnais	**Givry**	} mittlere Weiß- und
Mâconnais	**Pouilly**	Rotweine
Beaujolais	**Moulin-à-vent**	frische Rotweine
	Fleurie	Roséweine
	Saint-Amour	

Aussprache:

Chablis	schabli	**Meursault**	mörso
Beaujolais	boscholä	**Pouilly**	puiji

3. Die Weine an der Rhône

Herkunftsbezeichnungen	Art der Weine
Tavel	Roséweine
Châteauneuf-du-Pape	kräftige Rotweine; aus der Umgebung von Avignon

Aussprache:

Châteauneuf-du-Pape schatonöf dü pap(e)

4. Die Weine des Elsass

Rebsorten	Art der Weine
Riesling, Silvaner und Gewürztraminer Weißer Burgunder **(Pinot blanc)** Ruländer und Muskateller	trockene Weißweine
Spätburgunder **(Pinot noir)**	kräftige Rotweine

Hinweis: Eine Besonderheit unter den elsässischen Weinen ist der Edelzwicker, ein Weißweinverschnitt.

Weitere Weinbaugebiete liegen an der Loire **(Sauvignon, Sancerre, Vouvray, Saumur, Muscadet, Anjou)** und im Süden Frankreichs, im Languedoc, im Roussillon und in der Provence.

Aussprache:

Sauvignon sowinjõ **Sancerre** sãsär(e) **Anjou** ãju

B. Güteklassen französischer Weine

Oberste Klasse	Spitzenweine aus kontrollierter Herkunft	
	Appelation d'origine controlée (AOC)	
	– l'appelation (w.)	= die Bezeichnung
	– l'origine (w.)	= die Herkunft
	– contrôlé, e	= kontrolliert, geprüft
Mittlere Klasse	Qualitätsweine bestimmter Regionen bzw. begrenzter Anbauflächen	
	Vin délimité de qualité supérieure (VDQS)	
	– délimité, délimitée	= begrenzt
	– la qualité	= die Qualität
	– supérieur, supérieure	= höher
Untere Klasse	Weine ohne Herkunftsbezeichnung (Tafelweine)	
	Vin de consommation courante (VCC)	
	– la consommation	= der Verbrauch
	– courant, courante	= alltäglich
Landweine	**Vin de pays (VP)**	

Aussprache:

appelation d'origine controlée	apölasion dorischin(e) kõtrolee
vin délimité de qualité supérieure	wãe delimitee dö kalitee süperiör(e)
vin de consommation courante	wãe dö kõsomasiõ kurãt(e)
vin de pays	wãe dö pei

C. Französische Fachausdrücke

Wein	**le vin**	wãe
Rotwein	**le vin rouge**	wãe ru<u>sch</u>(e)
Weißwein	**le vin blanc**	wãe blã
Rosé	**le (vin) rosé**	rosee
Wein aus bester Lage, Wein erster Güte	**le vin de première cuvée**	wãe dö prömiär(e) küwee
Champagner	**le champagne**	schãpanj(e)
herb	**brut**	brüt
trocken	**sec**	sek
mild	**doux**	du
Weinberg	**le vignoble**	winjobl(e)
Weinkeller	**la cave**	kaw(e)
Flasche	**la bouteille**	buteij(e)
entkorken	**déboucher**	debuschee
Korken	**le bouchon**	buschõ
„dekantieren“	**décanter**	dekãtee
„chambrieren“ (auf Zimmertemperatur bringen)	**chambrer**	schãbree
in Eis kühlen	**frapper**	frapee
verkosten	**déguster**	degüstee
Weinprobe	**la dégustation**	degüstasiõ
Bukett	**le bouquet**	bukä
Alkohol	**l’alcool** (m.)	alkol
Bodensatz	**le dépot**	depo

Weinkellner	**le sommelier**	somöliee
Aperitif	**l'apéritif**	aperitif
Digestif	**le digestif**	dis<u>ch</u>estif
Wasser	**l'eau** (w.)	o
Mineralwasser	**l'eau minérale**	o mineral(e)
Sprudel	**l'eau gazeuse**	o gasös(e)

D. Französische Brände und Liköre

le cognac	konjak	Weinbrand
l'eau de vie	o dö wi	Schnaps
la liqueur	likör	Likör
l'armagnac (m.)	armanjak	Weinbrand
la framboise	frãboas(e)	Himbeergeist
la quetsche	kwetsch(e)	Zwetschenwasser
la mirabelle	mirabel(e)	Mirabellengeist
le calvados	kalvados	Apfelschnaps
Bénédictine	benediktin(e)	Likör mit Kräutern
Cordial Médoc	kordial medok	Likör mit Fruchtaroma
Chartreuse	schartrös(e)	Likör mit Kräutern
Cointreau	koãetro	Likör mit Orangen
Grand Marnier	grãmarniee	Likör mit Orangen

20. Das Menü

le menu mönü

Das klassische Menü

1 Hors d'œuvre froid Kaltes Vorgericht	ordöwr(e) froa
2 Potage Suppe	potasch(e)
3 Hors d'œuvre chaud Warmes Vorgericht	ordöwr(e) scho
4 Poisson Fisch	poasõ
5 Relevé / **Grosse pièce** Hauptplatte	rölöwee gros(e) piäs(e)
6 Entrée chaude Warmes Zwischengericht	ãtree schod(e)

Das vereinfachte moderne Menü

1 Hors d'œuvre froid
Kaltes Vorgericht

2 Potage
Suppe

3 Hors d'œuvre chaud
Warmes Vorgericht oder

Poisson
Fisch

4 Sorbet
5 Relevé / Grosse pièce
Hauptplatte mit

Légumes / Gemüse
Salade / Salat

6 Entremets / Süßspeise oder
Dessert / Nachtisch

Fortsetzung des klassischen Menüs:

7 Sorbet	sorbä
8 Rôti / Braten	roti
9 Entrée froide Kaltes Zwischengericht	ãtree froad(e)
10 Entremets Süßspeise	ãtrömä
11 Fromage Käse / Käsegericht	fromasch(e)
12 Dessert / Nachtisch	desär

Die kleine Speisenfolge

Potage	potasch(e)	Suppe
Relevé	rölöwee	Hauptgang
Dessert	desär	Nachspeise

Die erweiterte Speisenfolge

Hors d'œuvre froid	ordöwr(e) froa	Kalte Vorspeise
Potage	potasch(e)	Suppe
Hors d'œuvre chaud	ordöwr(e) scho	warme Vorspeise
Relevé	rölöwee	Hauptgang
Entremets / Fromage	ãtrömä / fromasch(e)	Süßspeise / Käse
Dessert	desär	Dessert

Durch verschiedene Kombinationen der einzelnen Menüpositionen kann die Speisenfolge variiert werden.

Kombinationsmöglichkeiten:

Anzahl der Gänge	3	4	4	4	5	5	5	6
Hors d'œuvre froid Kalte Vorspeise			✘			✘	✘	✘
Potage Suppe	✘	✘	✘	✘	✘	✘	✘	✘
Entreé Zwischengericht		✘			✘	✘		✘
Relevé Hauptgang	✘	✘	✘	✘	✘	✘	✘	✘
Entremets Süßspeise				✘	✘		✘	✘
Dessert Nachspeise	✘	✘	✘	✘	✘	✘	✘	✘

21. Der gedeckte Tisch

la table tabl(e)

A. Französische Fachausdrücke für Porzellan

Porzellan	**la vaisselle**	wäsel(e)
Teller	**l'assiette** (w.)	asiet(e)
	les assiettes (w. Pl.)	
großer Teller	**la grande assiette**	grãd(e) asiet(e)
mittlerer Teller	**l'assiette à dessert**	asiet(e) a desär
flacher Teller	**l'assiette plate**	asiet(e) plat(e)
tiefer Teller (Suppenteller)	**l'assiette creuse**	asiet(e) krös(e)
Suppentasse	**la tasse à consommé**	tas(e) a kõsomee
Suppenschüssel, -terrine	**la soupière**	supiär(e)
Platte	**le plat**	pla
Gemüseschüssel	**le légumier**	legümiee
Saucenschüssel	**la saucière**	sosiär(e)
Speisedeckel	**la cloche**	klosch(e)
Tellerchen für Butter zu jedem Gedeck	**le beurrier**	böriee
Kaffeetasse	**la tasse à café**	tas(e) a kafee
Teetasse	**la tasse à thé**	tas(e) a tee

Kaffeekanne	**la cafetière**	kafetiär(e)
Teekanne	**la théière**	tejär(e)
Zuckerdose	**le sucrier**	sükriee
Sahnekännchen	**le crémier**	kremiee

Hinweis:

le plat	1. die Platte		
	2. das Gericht, z. B. **„le plat du jour"**	pla dü schur	das Tagesgericht (auf der Speisekarte)
le légumier	1. die Gemüseschüssel		
	2. der Gemüsekoch in der Küchenbrigade		

Merke:

la tasse à café	Kaffeetasse
la tasse de café	Tasse Kaffee
la tasse à thé	Teetasse
la tasse de thé	Tasse Tee

B. Französische Fachausdrücke für Besteck

Besteck	**le couvert**	kuwär
Messer	**le couteau**	kuto
Gabel	**la fourchette**	furschet(e)
Löffel	**la cuillère**	küijär(e)
Tafelmesser	**le couteau de table**	kuto dö tabl(e)
Tafelgabel	**la fourchette de table**	furschet(e) dö tabl(e)
Tafellöffel	**la cuillère de table**	küijär(e) dö tabl(e)
Mittelbesteck	**le couvert à entremets**	kuwär a ãtrömä
Fischbesteck	**le couvert à poisson**	kuwär a poasõ
Fischmesser	**couteau à poisson**	kuto a poasõ
Fischgabel	**fourchette à poisson**	furschet(e) a poasõ
Dessertbesteck	**le couvert à dessert**	kuwär a desär
Eislöffel	**la cuillère à glace**	küijär(e) a glas(e)
Kuchengabel	**la fourchette à gâteau**	furschet(e) a gato
Kaffeelöffel	**la cuillère à café**	küijär(e) a kafee
Teelöffel	**la cuillère à thé**	küijär(e) a tee
Mokkalöffel	**la cuillère à moka**	küijär(e) a moka
Tortenheber	**la pelle à gâteau**	pel(e) a gato

Zuckerzange	**la pince à sucre**	pães(e) a sükr(e)
Austerngabel	**la fourchette à huitres**	furschet(e) a üitr(e)
Hummergabel	**la fourchette à homard**	furschet(e) a omar
Schneckengabel	**la fourchette à escargots**	furschet(e) a eskargo
Vorlegebesteck		
Schöpflöffel	**la louche**	lusch(e)
Saucenlöffel	**la cuillère à sauce**	küijär(e) a sos(e)
Salatbesteck	**le couvert à salade**	kuwär a salad(e)
Käsemesser	**le couteau à fromage**	kuto a fromasch(e)

Merke:

le couvert 1. das Gedeck (Besteck, Geschirr/Serviette)
2. das Besteck (Messer, Gabel, Löffel)

C. Das Gedeck

Tischtuch	**la nappe**	nap(e)
Serviette	**la serviette**	serviet(e)
Gedeck	**le couvert**	kuwär

Hinweis: *Eingedeckt wird immer von innen nach außen, d. h., das Besteck für die letzte Hauptspeise wird zuerst eingesetzt! Das Besteck für das Dessert liegt quer oberhalb des Tellers.*

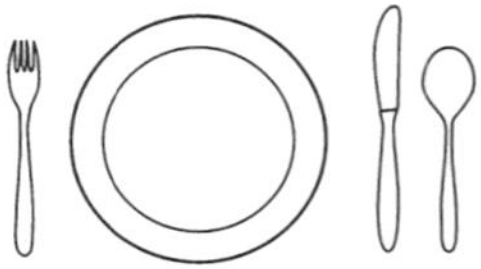

Suppe	**potage**
Hauptgang	**relevé**

Suppe	**potage**
warmes Fischgericht	**poisson**
Hauptgang	**relevé**

Suppe	**potage**
warmes Fischgericht	**poisson**
Hauptgang	**relevé**
Nachspeise	**dessert**

kalte Vorspeise	**hors d'œuvre**
Suppe	**potage**
warmes Fischgericht	**poisson**
Hauptgang	**relevé**
Nachspeise	**dessert**

D. Französische Fachausdrücke für Gläser

Glas	**le verre**	wär(e)
Gläser	**les verres**	wär(e)
Weinglas	**le verre à vin**	wär(e) a wãe
Sektglas	**le verre à champagne**	wär(e) a schãpanj(e)
Cognacglas	**le verre à cognac**	wär(e) a konjak
Likörglas	**le verre à liqueur**	wär(e) a likör
Karaffe	**la carafe**	karaf(e)
Bierglas	**le verre à bière**	wär(e) a biär(e)
Bierkrug	**la chope**	schop(e)
Becher	**le gobelet**	gob(e)lä

Biergläser
verres à bière
wär(e) a biär(e)

Bierkrug
la chope
schop(e)

Burgunderglas, „Ballonglas“
le verre à bourgogne, „le ballon“ wär(e) a burgonj(e), balõ

Bordeauxglas
le verre à bordeaux wär(e) a bordo

Rotweinglas
le verre à vin rouge wär(e) a wãe rusch(e)

Weißweinglas
le verre à vin blanc wär(e) a wãe blã

Sektkelch
la flûte à champagne flüt(e) a schãpanj(e)

Sektschale
la coupe à champagne kup(e) a schãpanj(e)

Cognacschwenker
le verre à cognac wär(e) a konjak

Likörglas
le verre à liqueur wär(e) a likör

Südweinglas
le verre à xérès, porto wär(e) a xeres, wär(e) a porto

E. Der gedeckte Tisch

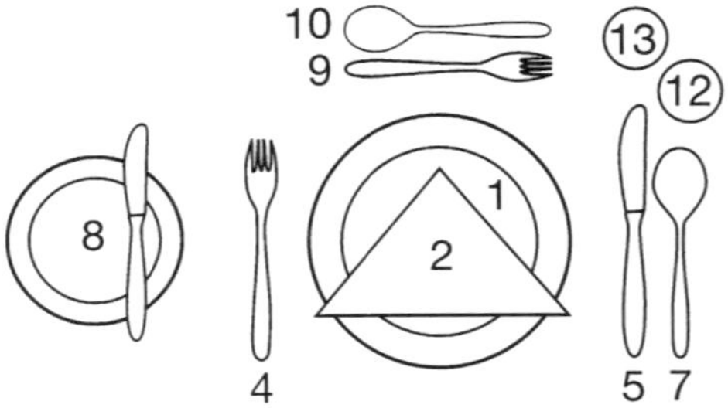

Erklärung der Abbildungen:

1. assiette	Teller
2. serviette	Serviette
3. fourchette à poisson	Fischgabel
4. fourchette de table	Tafelgabel
5. couteau de table	Tafelmesser
6. couteau à poisson	Fischmesser
7. cuillère de table	Suppenlöffel
8. beurrier	Butterteller
9. fourchette à gâteau	Dessertgabel
10. cuillère à dessert	Dessertlöffel
11. flûte à champagne	Champagnerglas/-kelch
12. verre à eau	Wasserglas
13. verre à vin rouge	Rotweinglas
14. verre à vin blanc	Weißweinglas

F. Französische Fachausdrücke aus dem Service-Bereich

la carte	kart(e)	Speisekarte
la carte des vins	kart(e) dee wãe	Weinkarte
à la carte	a la kart(e)	A-là-carte-Gerichte/-Service
le menu	mönü	Menü
le petit déjeuner	pöti dee<u>sch</u>önee	Frühstück
le déjeuner	dee<u>sch</u>önee	Mittagessen
le dîner	dinee	Abendessen
le souper	supee	Nachtessen
le banquet	bãkä	Bankett (Großveranstaltung)
la réception	resepsiõ	Empfang, Cocktail
le maître d'hôtel	mätr(e) dotel	Restaurantleiter
le chef de rang	schef dö rã	Chef des Service
le demichef de rang	dömischef dö rã	Stellvertreter
le commis de rang	komi dö rã	Gehilfe
le rang	rã	im Service: Revier, Bereich

Eigene Einträge